使いがちな慣用表現を紹介しています。これを機に、正しい使い方を
確認してみてください。

　大人としての知性や教養は漢字に表れる、と私は考えています。漢
字を正しく使うことで、周囲からのあなたの印象や評価は大きく変わ
ります。より難しい漢字を使いこなせば、一目置かれた存在となるこ
とでしょう。

　本書を通じて、大人の漢字力を高めていただければ幸いです。

本書の使い方

第 1~4 章

カテゴリー

漢字の種類や使う状況、キーワード

漢字と読み方

具体的な漢字と基本的な読み方

例文

実際に使う言い方、正しい使い方の実例

解説

漢字の意味や使い方、類語や対義語、応用的な熟語、語源や由来など

職場

職場で日常的に使用する言葉には、家族や友達同士では使わない独特な表現がたくさんあります。オフィスでのやり取りに必須の漢字を紹介します。

【 報連相 】 ほうれんそう

例文 **報連相**をしっかりやることが大切だ。

解説 報連相は、「報告」「連絡」「相談」の頭文字を取った言葉です。組織の中で情報を共有して、滞りなく仕事を進めるために、必要不可欠な要素です。日頃から、上司や同僚への報連相を欠かさないようにしましょう。

【 提出 】 ていしゅつ

例文 明日までに報告書を**提出**しなければならない。

解説 提出とは、書類や資料などを差し出すという意味です。特に、公（おおやけ）の場所に出すことを指します。「提」に「差し出す」という意味があり、見せて示すときは「提示」、議案や考えを出すときは「提案」と使い分けましょう。

【 直行 】 ちょっこう

例文 会社へ寄らずに、そのまま現場へ**直行**する。

解説 直行とは、途中でどこか別の場所に寄ることなく、直接目的地へ向かうことです。仕事の場合は、家から直接営業先などに向かうことを指します。また、社外での業務のあと直接家に帰ることは「直帰（ちょっき）」と言います。

18

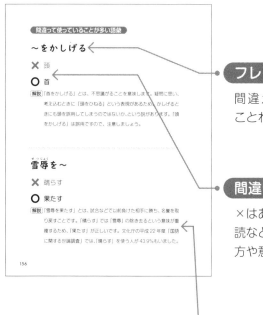

第5章

フレーズ

間違えやすい言葉や慣用句、
ことわざ

間違いと正しい言葉

×はありがちな誤用・誤記・誤
読など、○は本来の正確な読み
方や意味、使い方

解説

取り上げたフレーズの説明や語
源、由来、混同しやすい言葉など

大人の漢字「活用」ポイント

01 漢字の「書き」

日常生活において手書きをする機会が減ったとはいえ、書類に目を通したりメモを取ったりすることはあります。一見簡単に見える漢字でも、部首が異なる漢字と取り違えたり、同じ読み方で違う意味の漢字を書いていたりします。「書き」は、実際に書いて覚えることをお勧めします。

02 漢字の「読み」

文章を声に出して読む機会が少ない人は、人前で話すときになって初めて、漢字の「読み」の間違いに気づくということがよくあります。恥ずかしい思いをする前に、普段は何気なく目を通しているメールや資料でも、使われている漢字の読み方が正しいか確認しましょう。

03 社内で使う漢字

社内会議や雑談の中で、とっさに言葉が出てこないということはありませんか？　それが続けば、上司や部下から頼りなく思われてしまうかもしれません。社内で十分な信頼を得て、円滑に仕事を進めるためには、日頃から当たり前に使いこなせるほどの語彙力が大切なのです。

04 社外で使う漢字

取引先や客宛てに送るメールや文書では、特に漢字の間違いを犯さないように気をつけなければいけません。ミスの内容によっては、気まずくなるだけではなく、相手に対して失礼にあたる可能性があります。正しく漢字を使いこなして、知的で誠実な印象を与えましょう。

目次

第1章 仕事で使われる漢字「ビジネス」

職場

組織・経営

会計・決算

総務・人事

第2章 常識として知っておきたい漢字「政治・経済」

市場

金融

財政・貿易

第3章 日常的に使いこなしたい漢字「法律・社会」

法律（民事）

法律（刑事）

保険・契約

事件・事故・災害

福祉・医療・教育

環境・衛生

第4章 教養として身につけたい漢字「文化・自然」

第5章 間違って使っている日本語

間違って使っていることが多い語彙

感情を表す語彙

教養として知っておきたい語彙

大人としての評価を高める語彙

ブックデザイン	木村　勉
DTP	横内俊彦
校正	矢島規男

第 **1** 章

仕事で使われる漢字
「ビジネス」

本章では、ビジネスシーンでよく使われる漢字を紹
介します。会社で使う独特な表現や、社外の人との
コミュニケーションで用いる言葉など、正しく使い
たい基本の漢字を覚えましょう。

職場

職場で日常的に使用する言葉には、家族や友達同士では使わない独特な表現がたくさんあります。オフィスでのやり取りに必須の漢字を紹介します。

【 報連相 】 ほうれんそう

例文 **報連相**をしっかりやることが大切だ。

解説 報連相は、「報告」「連絡」「相談」の頭文字を取った言葉です。組織の中で情報を共有して、滞りなく仕事を進めるために、必要不可欠な要素です。日頃から、上司や同僚への報連相を欠かさないようにしましょう。

【 提出 】 ていしゅつ

例文 明日までに報告書を**提出**しなければならない。

解説 提出とは、書類や資料などを差し出すという意味です。特に、公（おおやけ）の場所に出すことを指します。「提」に「差し出す」という意味があり、見せて示すときは「提示」、議案や考えを出すときは「提案」と使い分けましょう。

【 直行 】 ちょっこう

例文 会社へ寄らずに、そのまま現場へ**直行**する。

解説 直行とは、途中でどこか別の場所に寄ることなく、直接目的地へ向かうことです。仕事の場合は、家から直接営業先などに向かうことを指します。また、社外での業務のあと直接家に帰ることは「直帰（ちょっき）」と言います。

〖 有給休暇 〗 ゆうきゅうきゅうか

例文 まとめて**有給休暇**を取って海外旅行をする。

解説 前もって申請することによって、仕事を休んでも出勤した場合と同じように給料が支払われる休暇が有給休暇です。「有休」と略して書かれることもあります。「有給」とは、給料が支払われるという意味です。

〖 欠勤 〗 けっきん

例文 連絡をしないで仕事を休んだので、**欠勤**扱いになった。

解説 出勤することになっている日に、有給休暇の申請をしないで仕事を休むことを、欠勤と言います。「欠」には「欠ける」という意味のほかに、「休む」「予定を取りやめる」という意味があります。

〖 残業 〗 ざんぎょう

例文 期限が迫った仕事を**残業**して片付ける。

解説 残業とは、決められた勤務時間を過ぎてからも、職場に残って仕事を続けることです。同じ意味の言葉として、「超勤（超過勤務）」「時間外労働」などがあります。始業前に仕事をすることは、「早出残業」とも言います。

〖 出張 〗 しゅっちょう

例文 海外に**出張**して現地の企業と商談をする。

解説 出張とは、仕事のために一定期間、普段の勤務地とは別の地域へ行くことです。役所や会社の出先機関の事務所を「出張所」と呼びます。元は「出張り」と言って、戦いのためにほかの場所へ出向くという意味でした。

【弊社】 へいしゃ

例文 **弊社**のサービスをご利用いただき誠にありがとうございます。

解説 弊社とは、自分が勤めている会社をへりくだって呼ぶ言い方です。話し言葉でも書き言葉でも使うことができます。「弊」を使うのは会社だけではなく、自分の店を「弊店」、自社の雑誌を「弊誌」のようにも言います。

【進捗】 しんちょく

例文 週に1回、**進捗**状況を確認する時間を設けている。

解説 仕事が進んでいることを進捗と言います。反対に、仕事が進まないことは「停滞」と言います。「捗」は訓読みで「捗る」と読むほかに、「捗々しくない」の形で、思うように進まないことを表します。

【議事録】 ぎじろく

例文 書記担当として、会議の**議事録**を取る。

解説 議事録とは、会議で話し合われた内容や審議の過程、決定事項を書き取って記録したものを指します。「議」は「儀」「義」などと間違いやすく、「録」も「緑」「禄」などと紛らわしいので、誤字に気をつけましょう。

【委託】 いたく

例文 外部の業者にデータ集計作業を**委託**した。

解説 委託とは、仕事などを、ほかの人に依頼して代わりにやってもらうことです。特に、契約などの法律行為や、事務処理などをほかの人に頼む場合に使います。同じ読み方で似た意味を持つ言葉として「依託」もあります。

〘 徴収 〙 ちょうしゅう

例文 イベント参加費を会場の入り口で**徴収**する。

解説 徴収とは、会費や参加費、税金や手数料などの金銭を集めることです。「徴」には「取り立てる」という意味があります。「徴集」と書くと国などが強制的に人や物を集めることを指すので、使い分けに気をつけましょう。

〘 留意 〙 りゅうい

例文 問題点に**留意**しながら、一旦作業を進める。

解説 留意とは、ある物事を心に留めて、気をつけるという意味です。読み方は「るい」ではありません。「意」という字は「心」や「考え」を表します。「気をつける」という意味の言葉には「注意」「用心」などもあります。

〘 厳守 〙 げんしゅ

例文 提出書類の期限を**厳守**してください。

解説 命令、規則、約束、時間などを、必ず守ることを厳守と言います。「〆切厳守」「時間厳守」などのようにも使われます。似た言葉に「順守」がありますが、こちらは法律、道徳、習慣などに従うことを表します。

〘 逐次 〙 ちくじ

例文 決まり次第、**逐次**報告していきます。

解説 順を追って、次々と物事を進める様子を逐次と言います。「逐」に「順を追う」という意味があり、「逐一」や「逐語訳」という熟語でも使われます。また、逐次と同じ意味の言葉として「順次」があります。

組織・経営

経営は、計画的に意思決定をして実行に移し、事業を管理することです。会社などの組織の経営に関する漢字は、組織で働く上では避けては通れません。

【 株主総会 】 かぶぬしそうかい

例文 **株主総会**の決議によって、経営陣が入れ替わった。

解説 株式会社の株式を所有する人を「株主」と言い、株主によって構成される意思決定の機関が株主総会です。決算期ごとの定時総会と、随時開催される臨時総会があり、会社の基本方針、役員の選任や解任などを定めます。

【 取締役 】 とりしまりやく

例文 新会社の**取締役**に就任した。

解説 取締役とは、株式会社で業務執行に関する会社の意思決定をする人で、株主総会で選任されます。取締役全員で構成される機関を「取締役会」と言います。「締」を「絞」や「閉」と間違えないように気をつけましょう。

【 監査役 】 かんさやく

例文 **監査役**会設置会社から、監査等委員会設置会社へ移行する。

解説 監査役とは、取締役による経営や会計の業務執行を監視し、検査する役割の人です。「監」には「見張る」、「査」には「調べる」という意味があり、つまり「見張って調べる役割の人」ということになります。

【 顧問 】 こもん

例文 テクノロジーの専門家を技術**顧問**として招く。

解説 会社、団体、政府などから依頼・相談を受け、専門的な知識や経験に基づいて意見を述べたり、アドバイスや補佐をしたりする役職が顧問です。「雇問」や「顧門」などの誤字に注意しましょう。

【 提携 】 ていけい

例文 海外企業との業務**提携**を行う。

解説 提携とは、互いに助け合い、共同で物事を行うことです。「提」と「携」はどちらも「手に下げて持つ」という意味です。「提携」も元はそのような意味でしたが、手を携えて協力することを指すようになりました。

【 戦略 】 せんりゃく

例文 手堅い事業**戦略**を立てる。

解説 組織運営や社会運動などにおいて、成果を上げるために、将来を見通して立てる計画のことを戦略と言います。元は、戦争に勝つための長期的な策略のことを指しますが、企業活動についても比喩として使われます。

【 統廃合 】 とうはいごう

例文 支店の**統廃合**を進める。

解説 統廃合は「統合」と「廃合」を組み合わせた言葉で、組織などを廃止したり合併したりすることです。「統合」とは、2つ以上のものをひとつにするという意味で、「廃合」は、「廃止」と「合併」を合わせた言い方です。

【拠点】 きょてん

例文 地方展開の要となる**拠点**を名古屋に置く。

解説 拠点とは、仕事や活動をする上で足場となるような、重要な場所のことです。「拠」には「よりどころ」という意味があります。「処点」などの誤字に気をつけましょう。同じような意味で、「本拠」もよく使われます。

【買収】 ばいしゅう

例文 ベンチャー企業を**買収**して子会社化する。

解説 買収は、買い取っておさえるという意味です。「かいしゅう」のような誤読に気をつけましょう。会社の買収と言うと、その会社の株式の過半数を買い取ることになります。反対に売り払うことは「売却」と言います。

【傘下】 さんか

例文 あのブランドは大企業の**傘下**だ。

解説 傘下とは、大きな勢力を持つ企業や団体の下で、その支配や指導を受ける立場にあることを意味します。似た言葉として、ある企業や団体の支配が及ぶ範囲を「翼下」と言います。

【零細】 れいさい

例文 **零細**企業が不況の煽りを受ける。

解説 零細とは、規模がとても小さい様子を表した言葉です。「零細企業」のように使われ、少ない資本や設備で経営している、小規模な企業を指します。ここでは、「零」はゼロではなく「少ない」という意味になります。

【 老舗 】 しにせ

例文 **老舗**の文房具メーカーがつくった鉛筆は質がよい。

解説 老舗とは、代々同じ商売を続けていて、信用がある店のことです。親の真似をして家業を受け継ぐ意味の「仕似す」が名詞化して「しにせ」となり、古くからという意味の「老」と、店を意味する「舗」の字を当てました。

【 創業 】 そうぎょう

例文 **創業**50周年を迎えてキャンペーンを行う。

解説 新しく会社や店を起こして事業を始めることを創業と言います。「起業」とほとんど同じ意味ですが、「起業家」と言うと新規事業を起こす人のことを指すのに対し、「創業家」は創業者の一族のことを表します。

【 定款 】 ていかん

例文 **定款**を一部変更すると発表された。

解説 定款とは、会社や公益法人などの目的や組織、業務などに関して定められた基本的な規則です。その規則を書いた文書を定款と呼ぶこともあります。創業者が作成し、内容を変更する場合は株主総会で決議します。

【 社訓 】 しゃくん

例文 朝礼で**社訓**を唱和する会社は少なくなった。

解説 社訓とは、社員が守るべき基本的な指針として定められている、理念や心構えのことを指します。「訓」という字には、「教え」や「教訓」という意味があります。「社是」は、経営上の方針や主張のことを表します。

会計・決算

会計とは、お金や物の出入りを管理することです。一定期間の最終的な損益を計算する手続きを決算と言います。企業の数字に関わる漢字を集めました。

【計上】 けいじょう

例文 飲食代を接待費として**計上**する。

解説 費用や予算などの項目を、全体の計算の中に組み入れることを計上と言います。同じような意味の言葉に「算入」があります。これは金銭に関することに限らず、一部を全体に数え入れるときに使われます。

【経費】 けいひ

例文 このプロジェクトは**経費**がかさむ。

解説 経費とは、普段から一定してかかる費用、もしくは物事を行うために必要になる費用のことです。「費用」と入れ替えて使うこともできますが、「経費」の方が、一定の枠内で必要とされるお金という意味が強くなります。

【減価償却】 げんかしょうきゃく

例文 耐用年数を見積もって、**減価償却**の計算をする。

解説 器具や備品などの固定資産は、時間の経過で価値が減少します。その減少分を決算期ごとに利益から差し引く会計上の手続きを、減価償却と言います。「原価」「現価」「元価」や、「焼却」「消却」の誤字に注意しましょう。

【財務諸表】 ざいむしょひょう

例文 **財務諸表**の読み方と分析方法を勉強する。

解説 財務諸表とは、企業が利害関係者に向けて、保有する資産や財務状況などを報告するための計算書類のことです。特に、「損益計算書」「貸借対照表」「利益金処分計算書」「付属明細表」などがあります。

【内訳】 うちわけ

例文 かかった経費の**内訳**を報告する。

解説 お金の総額や物の総量に対して、内容を項目に分けて書き記したものを内訳と言います。「うちやく」などの読み間違いに注意しましょう。数量や金額を項目別に細かく書き出したものは「明細書」と呼びます。

【引当金】 ひきあてきん

例文 地震で損壊した設備の修理に修繕**引当金**が使われる。

解説 引当金とは、賞与、退職金、修繕費など、将来の特定の費用や損失の発生を見積もって、あらかじめ準備しておく金額のことです。「引き当てる」には、特定の目的のために振り向けるという意味もあります。

【売掛金】 うりかけきん

例文 **売掛金**の回収が遅くなると資金繰りが悪化する。

解説 代金をあとから受け取るという約束で商品を売ることを「売り掛け」と言い、その売上金額が「売掛金」です。反対に、あと払いで買うことを「買い掛け」と言い、まだ支払っていない代金を「買掛金（かいかけきん）」と呼びます。

【 粗利 】 あらり

例文 今回のプロジェクト全体の**粗利**を計算する。

解説 粗利は「粗利益（あらりえき）」の略語で、「荒利益」「荒利」とも書きます。売上高から原価を差し引いただけの、おおまかな利益のことです。「売上総利益」と呼ぶ場合もあります。売上高に対する粗利の割合を「粗利率」と言います。

【 帳簿 】 ちょうぼ

例文 収入と支出を**帳簿**に記入する。

解説 帳簿とは、会計や営業、事務において、金銭や物品の出入りなどの必要事項を記入する冊子のことを指します。「帳」は「張」と間違いやすく、「簿」にも「薄」「博」などよく似た漢字が多いので、誤字に気をつけましょう。

【 四半期 】 しはんき

例文 第1**四半期**の決算を発表する。

解説 四半期とは、1年を4分割した3カ月間です。4〜6月が第1四半期、7〜9月が第2四半期、10〜12月が第3四半期、1〜3月が第4四半期です。4〜9月を「上期（かみき）」、10〜3月を「下期（しもき）」と言うこともあります。

【 粉飾 】 ふんしょく

例文 長期にわたる**粉飾**決算が発覚した。

解説 粉飾とは、よく見せようとして、うわべだけ取り繕うという意味です。「粉飾決算」は、会社の経営が実際は赤字なのに、黒字に見せかけた決算のことです。「扮飾」と書くと、服や化粧で身なりを装う意味になります。

〘 割賦 〙 かっぷ

例文 　通信機器を**割賦**払いで購入する。

解説 　割賦とは、負債の返済や代金の支払いを何回かに分けて行うこと、つまり分割払いのことです。「わっぷ」とも読みます。月ごとに支払う場合は「月賦」、年ごとに支払う場合は「年賦」などと言います。

〘 出納 〙 すいとう

例文 　金庫内の現金が**出納**帳の残高と一致することを確かめる。

解説 　出納とは、金銭や物品などを出したり入れたりするという意味です。「しゅつのう」と読むのは一般的ではありません。お金を出納するときに記入する帳簿を「出納帳」と言います。似た意味の言葉に「収支」があります。

〘 按分 〙 あんぶん

例文 　電気代を、生活費と事業費に**按分**する。

解説 　按分は、基準となる数量から割合を計算して、その比に応じて物を分けることを意味します。「案分」とも書きます。「按」を使った言葉に、ちょうどよく並べたり、処理したりすることを表す「按排」「按配」もあります。

〘 証憑 〙 しょうひょう

例文 　**証憑**書類をまとめて保存しておく。

解説 　証憑とは、取引を証明する書類のことで、帳簿をつけるときに必要になります。領収書、請求書、納品書のような書類のことを、「証憑書類」と呼びます。「憑」は、拠り所として頼みにするという意味です。

総務・人事

総務は組織全体に関わる業務、人事は組織で働く個人の地位や取り扱いの決定をする業務のことです。会社の制度や働き方に関する漢字を覚えましょう。

【賞与】 しょうよ

例文 年末の**賞与**で旅行に行った。

解説 賞与は、従業員に対して毎月の給料とは別に支給する一時金、つまりボーナスのことです。夏と冬の年2回などと定められている「通常賞与」、企業の業績に連動して支払われる「決算賞与」などがあります。

【異動】 いどう

例文 4月から総務課へ**異動**する。

解説 異動とは、職場での地位や職務などが変わることです。転任や退任のような人事の動きのことを指します。必ずしも場所を移るのではなく、役職などが異なるものになるということなので、「移動」ではなく「異動」です。

【辞令】 じれい

例文 転勤について正式に**辞令**をもらった。

解説 辞令とは、役職や官職に任命したり、辞めさせたりする際に、そのことを書いて本人に渡す正式な文書のことです。この場合の「辞」は、「辞める」という意味ではなく、「言葉」という意味になります。

〘 懲戒 〙 ちょうかい

例文 重大な就労規則違反をすると**懲戒**処分になり得る。

解説 不正な行為をした人に対して、制裁を加えるなどして懲らしめることを、懲戒と言います。特に、公務員の職務違反に対する行政処分を指すこともあります。懲戒処分には、「免職」「停職」「減給」「戒告」などがあります。

〘 解雇 〙 かいこ

例文 深刻な不況が続き、**解雇**が増加した。

解説 解雇とは、雇い主が一方的に雇用契約を破棄して、従業員に会社を辞めさせることです。つまり、クビにするという意味です。同じ意味で「馘首（かくしゅ）」とも言います。従業員が自ら申し出て辞める場合は「退職」になります。

〘 年功序列 〙 ねんこうじょれつ

例文 **年功序列**型の給与体系が変わりつつある。

解説 年功序列とは、勤続年数や年齢が増すにつれて、地位や給料が高くなることを表します。「年功」とは、長年の功労や功績という意味です。勤続年数ではなく、業務の成果で人事を決める考え方は「成果主義」と言います。

〘 福利厚生 〙 ふくりこうせい

例文 **福利厚生**が充実した会社に就職したいという若者が多い。

解説 福利厚生とは、企業が従業員やその家族に提供する、生活の質を向上させる施策や制度です。「福利」は、生活の中で満足感をもたらす利益のことを指し、「厚生」は、人々の暮らしを健康で豊かなものにすることを言います。

【 労使 】 ろうし

例文 **労使**交渉で基本給の底上げが要求された。

解説 労使とは、従業員と会社のことを指します。「労」は労働者や労働組合の略で、「使」は使用者を表します。従業員の代表と使用者である会社の間で、書面によって取り交わされる約束事を「労使協定」と言います。

【 派遣 】 はけん

例文 この2年ほどは**派遣**社員として勤めている。

解説 派遣とは、使命をあたえて、ある場所へ向かわせるという意味です。そこから、人材派遣会社などと労働契約を結び、ほかの会社へ派遣されて勤務する、いわゆる「派遣社員」を略して「派遣」と呼ぶこともあります。

【 勤怠 】 きんたい

例文 在宅勤務が増えて**勤怠**管理が複雑になった。

解説 仕事の出勤と欠勤のことを合わせて、勤怠と言います。「勤」は仕事に熱心に励むことを表し、「怠」はなまけることを意味します。一般的には、出勤や退勤の時間、休憩や休暇の取得状況などを表すことが多いです。

【 裁量 】 さいりょう

例文 今回の業務は部下の**裁量**に任せることにした。

解説 裁量とは、自分の考えによって、物事を判断したり処理したりすることです。業務の進め方や時間配分を従業員に任せて、実際の労働時間に関わらず一定時間分の給料を支払う労働形態を、「裁量労働制」と言います。

〔栄転〕 えいてん

例文 あの人は4月から**栄転**して支社長になる。

解説 栄転とは、人事異動によって、今までよりも高い地位や役職に就くことを言います。「転任」の尊敬語としても使われます。同じような意味の言葉として、「栄進」「栄達」「昇進」など、様々な言い方があります。

〔左遷〕 させん

例文 本社の花形部署から地方支社へ**左遷**させられる。

解説 左遷とは、今までより低い地位や役職に落とされること、または、離れた土地への転任を指します。中国では古来、右を尊び左を卑しむ風習があり、「遷」は移すという意味なので、「左に移す」で格下げを表しました。

〔更迭〕 こうてつ

例文 失言で大臣が**更迭**される。

解説 更迭とは、高い地位や役職にある人を、ほかの人に代えることを意味します。「迭」は入れ替えるという意味です。「こうそう」と読み間違えたり、「迭」を「送」と書き間違えたりしやすいので気をつけましょう。

〔抜擢〕 ばってき

例文 若手社員が今回のリーダーに**抜擢**された。

解説 たくさんの人の中から特に優れている人を選び出して、重要な役目につけることを抜擢と言います。「擢」の字は、訓読みでは「擢んでる」とも読み、ほかの人よりもひと際優秀であることを表します。

対人関係・取引

社外の対人関係では、漢字の誤用が致命的になりかねません。取引や商談の場面で、知的で誠実な印象を与える言葉を集めました。

【意向】 いこう

例文 先方の**意向**を確かめる。

解説 意向とは、どうするつもりかという考え、思わくのことを意味します。元は「意嚮」という字でしたが、「意向」と書き換えた形で書くのが一般的になりました。同じような意味の言葉には「意思」などがあります。

【便宜】 べんぎ

例文 相手の都合に合わせて**便宜**を図る。

解説 便宜とは、物事を進める上で都合がよく便利なこと、もしくは、そうなるように適した特別な処置をすることです。根本的な見直しをしないで、便宜的に処理する態度を「便宜主義」と言います。

【譲歩】 じょうほ

例文 価格についてはこれ以上**譲歩**できない。

解説 譲歩とは、自分の主張を曲げて、相手の意見を受け入れるという意味です。ほかの人に道を譲るという意味が由来です。「嬢」「壌」「醸」など、似ている漢字がたくさんあるので、書き間違いに気をつけましょう。

〖 妥協 〗 だきょう

例文 互いに**妥協**することで、合意に至ることができた。

解説 妥協とは、意見が対立している事柄について、両者が互いに譲り合って、話をまとめることです。歩み寄って意見を一致できる点を「妥協点」と言います。「妥」には、おだやかに譲り合うという意味があります。

〖 誠意 〗 せいい

例文 **誠意**を見せて頼み込み、納得してもらった。

解説 誠意とは、私利私欲を忘れて、正直な態度で熱心に物事に取り組む気持ちです。似た言葉の「誠心」は嘘偽りのない心を表します。「誠心誠意」とは、純粋な真心を持って誠実に物事に当たろうとする態度を意味します。

〖 折衝 〗 せっしょう

例文 二者間で**折衝**を重ねて、なんとか折り合いがついた。

解説 折衝とは、利害が一致しない相手と話し合い、駆け引きをして、問題を解決しようとすることを指します。敵が突いてくる矛先を折るという意味が由来です。「予算折衝」「外交折衝」などの熟語でも使われます。

〖 会釈 〗 えしゃく

例文 知り合いとすれ違ったので**会釈**をした。

解説 会釈は、軽く頭を下げてお辞儀をし、お礼やあいさつを交わすことです。元々は仏教用語の「和会通釈」の略語で、仏典の混乱した内容について、前後を照らし合わせて意味が通じるように解釈するという意味でした。

35

〖 交渉 〗 こうしょう

例文 契約の前に条件を**交渉**する。

解説 交渉とは、ある問題について、相手に掛け合って、話し合うという意味です。「渉」には、関わるという意味があります。特に組織の外部や外国の組織や人などを相手に交渉する場合を、「渉外」と言います。

〖 接待 〗 せったい

例文 得意先の社長を**接待**する。

解説 接待とは、お客さんに食事やお茶を振る舞って、もてなすことです。特に、会社同士の取引における相手をもてなす場面で使われます。「接」は人と会うことを、「待」は「もてなす」「待遇する」ことを表します。

〖 催促 〗 さいそく

例文 早く返事をもらえるよう**催促**する。

解説 物事を早くしてもらえるように急かして促すことを催促と言います。「催」は、急き立てるという意味です。催促のために送る書状のことを「催促状」と呼びます。似た意味の言葉として「督促」も覚えておきましょう。

〖 重鎮 〗 じゅうちん

例文 業界の**重鎮**にあいさつする機会があった。

解説 重鎮は、ある社会や分野の中で、重要と見なされる人物のことを指します。人を押さえしずめる力がある人物を表す「重石」が由来です。「鎮」はおさえるという意味で、「文鎮」などの熟語でも使われます。

【 **末席** 】 まっせき

例文 この度、選考委員の**末席**を汚すことになりました。

解説 末席とは、位の最も低い座席や、そのような地位のことです。「末席に連なる」「末席を汚す」などの形で、集まりや会合に参加することをへりくだって表します。この場合、「汚す」は「けがす」と読むので注意しましょう。

【 **失墜** 】 しっつい

例文 致命的なミスで会社の信用が**失墜**する。

解説 失墜とは、名誉や権威などが失われてしまうことを意味します。「墜」は落ちることを表し、「墜落」や「墜死」などの言葉でも使われます。同じように落ちるという意味で、似た形の「堕」と間違えないようにしましょう。

【 **反故** 】 ほご

例文 相手から契約を**反故**にされた。

解説 反故とは、約束などを取り消すことを意味します。「反古」とも書き、「ほうご」「ほうぐ」「ほぐ」という読み方もあります。役に立たなくなったものを指すこともあり、書き損じの紙を「反故紙」と言います。

【 **貢献** 】 こうけん

例文 売上向上のために**貢献**することができた。

解説 貢献とは、ある物事や社会の役に立つために、力を尽くして取り組むことです。元は目上の人に貢ぎ物を差し上げるという意味です。同じような言葉として、社会や人のために役立つことを「寄与」とも言います。

生産・物流

製品やサービスをつくり出すことを生産と言います。
物流は「物的流通」の略語で、生産者から消費者にも
のを届けるまでの流れのことです。

【 在庫 】 ざいこ

例文 人気商品の**在庫**が切れた。

解説 品物が倉庫にあること、または、その品物自体のことを在庫と呼びます。実際に商品が倉庫に置いてある場合だけでなく、原材料や製造途中の仕掛品も含めて、企業に保有されている分のことを指す場合もあります。

【 保管 】 ほかん

例文 必要な資材は工場内に**保管**してある。

解説 保管とは、物を預かって、なくしたり傷つけたりしないように、大切に保護して管理しておくことを指します。「管」には、取り締まるという意味があります。「保官」「保菅」などの誤字に気をつけましょう。

【 量産 】 りょうさん

例文 元は限定品だったが、正規商品として**量産**が始まった。

解説 量産とは、同一の規格や品質の製品を、大量に生産するという意味です。生産量が増加すると製品1個当たりの原価が減少することを「量産効果」と呼びます。同一規格の製品を大量に販売することは「量販」と言います。

《工程》 こうてい

例文 いくつもの**工程**を経て製品が完成する。

解説 工程とは、作業を進めていく順序や段階のことです。また、進行具合のことを表す場合もあります。同じ読み方の「行程」は、目的地までの道のりの長さという意味で、「歩いて30分の行程」のように使います。

《稼働》 かどう

例文 この工場は休日も**稼働**している。

解説 稼動とは人が仕事をすること、もしくは、機械を動かして仕事をさせることを意味します。「稼動」と書くこともあります。「可動」は、動かせる仕掛けになっているという意味です。使い分けに注意しましょう。

《下請》 したうけ

例文 業務の一部を**下請**に出している。

解説 下請は、「下請負」を略した言い方で、引き受けた仕事の一部あるいは全部を、さらにほかの人が引き受けることを意味します。対して、元の発注者から直接請け負った人は「元請（もとうけ）」と言います。

《梱包》 こんぽう

例文 商品を**梱包**して出荷する。

解説 梱包とは、品物を紙などで包み、ひもや縄などをかけて、運送できるように荷物としてまとめることです。「梱」は、たばねて縛るというような意味で、訓読みでは「こり」や「こうり」と読みます。

品質保証　ひんしつほしょう

例文 メーカーで**品質保証**の仕事をしている。

解説 品質保証とは、製造から販売後まで、製品が一定の品質を保っていることを確認する業務のことです。顧客の意見やデータを調査したり、クレーム対応をしたりします。「保障」「補償」などの間違いに注意しましょう。

破損　はそん

例文 商品が**破損**しているとクレームが入った。

解説 破損とは、品物が壊れたり、傷ついたりすることを言います。「破」にも「損」にも壊すという意味があり、似た意味の漢字を組み合わせた熟語です。同じような意味の熟語として「損壊」「損傷」「破壊」などがあります。

積載　せきさい

例文 トラックの最大**積載**量まで荷物を積んで配送する。

解説 積載とは、物を積んで載せること、特に、船や車などに荷物を積み込むことを指します。また、積み込むことができる重量を「積載量」と言います。「積」は、「績」「債」「漬」などと間違えないように注意しましょう。

運搬　うんぱん

例文 建築材を現場まで**運搬**する。

解説 運搬とは、物を別の場所へ運んで移すことです。「搬」には運ぶという意味があるので、「運搬」は同じ意味の漢字を組み合わせた熟語です。ほかに「搬」を使った言葉には、「搬入」「搬出」「搬送」などがあります。

【 納入 】 のうにゅう

例文 自動車工場に部品を**納入**する。

解説 納入とは、物やお金を納め入れるという意味です。似た意味の言葉に「納付」もあります。「納」には支払う、差し出すという意味があり、前もって納めることを「前納(ぜんのう)」、分割して納めることを「分納(ぶんのう)」と言います。

【 溶接 】 ようせつ

例文 遮光(しゃこう)マスクをつけて**溶接**作業に取り掛かる。

解説 溶接とは、2つの金属の一部を高熱で溶かして、継ぎ合わせることです。専用の機械を使って、金属部品を熱してつなぎます。「接」は、「接合」「接続」などの言葉からもわかる通り、つなぐという意味があります。

【 鋳造 】 ちゅうぞう

例文 精密な**鋳造**技術でつくられた細かい部品を使っている。

解説 鋳造とは、金属を溶かし、型に流し込んで物をつくることを指します。「鋳金(ちゅうきん)」も同じ意味の言葉です。「鋳」は訓読みで「鋳(い)る」と読み、鋳造に使う型のことを「鋳型(いがた)」、鋳造してつくった器具や道具を「鋳物(いもの)」と呼びます。

【 充塡 】 じゅうてん

例文 機械によってガスがカンに**充塡**される。

解説 充塡とは、欠けているところや空いているところに、物を詰めて埋めるという意味です。製造用語では、ビンやカンなどの空き容器に液体などを詰めることを指します。「充塡」の「塡」は「填」と書く場合もあります。

企画・マーケティング

企画やマーケティングは、製品を考えたり、効率的に多く販売する計画を立てたりする仕事です。企画書や報告書でよく使う漢字を中心に解説します。

【 趣旨 】 しゅし

例文 今回の企画の**趣旨**をまとめる。

解説 趣旨とは、ある事柄を行うときの理由や目的、狙いなどのことです。似ている言葉に「主旨」があります。これは、考えや話の中心となる事柄のことを指します。意味が異なるので、使い分けましょう。

【 展開 】 てんかい

例文 都心を中心に行ってきた事業を地方にも**展開**する。

解説 展開とは、おおまかに、広くひろげることを表します。仕事の場面では、ある物事を次の段階へ発展させて進めることを指して使うことが多いです。「展」には伸びてひろがるという意味があります。

【 試供品 】 しきょうひん

例文 既存製品の購入者に、新製品の**試供品**を配る。

解説 試供品とは、お客さんなどに試しに使ってもらうために無料で提供する、商品宣伝用の見本品のことです。特に、薬品や化粧品などのお試し用見本を指す場合が多いです。「供」には、勧めて差し出すという意味があります。

【 顧客 】 こきゃく

例文　**顧客**拡大のために紹介キャンペーンを行う。

解説　「こかく」とも読みます。自社の商品やサービスを日頃から贔屓にしてくれ
る、お得意のお客さんを顧客と言います。顧客は個人に限らず、取引をし
ている企業や行政機関などの組織を指す場合もあります。

【 対象 】 たいしょう

例文　20代の若者を主な**対象**とするサービスを開始する。

解説　対象とは、物事をするときに、働きかける目標になる相手を指します。仕
事の場では、ある商品やサービスの主な販売相手になるお客さんのことを
表すことが多いです。「対称」「対照」との使い分けに注意しましょう。

【 若年層 】 じゃくねんそう

例文　**若年層**に人気があるタレントを CM に起用する。

解説　若年層とは、年齢が若い人たちの集団のことです。「若年」は「弱年」とも
書きます。15 〜 24 歳、もしくは 34 歳くらいまでを指すことが多いです。
それ以上の年齢の人は、「中年層」「高年層」などと言います。

【 従来 】 じゅうらい

例文　今後は、**従来**の方法から大きく転換していく。

解説　従来とは、以前から今までのことです。「旧来」「古来」は、昔からという
意味合いが強くなります。「来」は、「未来」「来春」のようにこれから先を
表すほかに、「元来」「来歴」のように今までのことという意味もあります。

【 既存 】 きそん

例文 **既存**の設備を新たに活用する。

解説 既存とは、以前からすでに存在しているという意味です。「きぞん」と読むのは本来間違いでしたが、今では定着して使われるようになりました。「既」は「概」「慨」などと書き間違えやすいので、気をつけましょう。

【 新規 】 しんき

例文 **新規**購入者限定の特典をつける。

解説 新規とは、何かを新しく始めることです。「御新規」などの形で、新しく来たお客さんを指すこともあります。「規」には規則や決まりの意味があり、「新規契約書」のように、新しい規則のことを表す場合もあります。

【 潜在 】 せんざい

例文 **潜在**的なニーズをとらえて人気が出た。

解説 潜在とは、表面に表れず、内側に潜んでいるという意味です。目に見えなかったり、なかなか気づきにくかったりするものを表します。反対に、はっきりと表れていることを「顕在」と言い、「顕在化」のように使います。

【 廉価 】 れんか

例文 高級路線で売り出していた商品の**廉価**版を発売する。

解説 廉価とは安い値段のことで、「安価」と同じ意味です。反対に高い値段のことは「高価」と言います。「廉」には、値段が安いという意味のほかに、清く潔いという意味もあり、「清廉潔白」などの四字熟語でも使われます。

〖 復刻 〗 ふっこく

例文 50年前のパッケージを模した**復刻**版を限定販売する。

解説 復刻とは、以前に出版した本などを、できるだけ元の体裁や内容を再現して新しく刊行することです。そこから転じて、生産中止になった製品などを、デザインを変えずに新たに生産することを意味する場合もあります。

〖 販促 〗 はんそく

例文 **販促**のためにテレビ番組で紹介してもらう。

解説 販促は、「販売促進」を略した言い方です。消費者に自社の商品を購入してもらうために、組織的に行う活動のことです。マスメディアを使った宣伝のほか、売り場で陳列や説明の仕方を工夫することなども含みます。

〖 撤退 〗 てったい

例文 有名な海外ブランドが日本市場から**撤退**した。

解説 撤退とは、元は、軍隊が陣地や拠点などを引き払って退却することを指します。そこから転じて、ビジネスなどにおいて、今まで事業を行ってきた分野や営業していた地域から手を引くことを表します。

〖 競合 〗 きょうごう

例文 この市場では大手企業との**競合**は避けられない。

解説 競合とは、競い合う、重なり合うという意味です。ビジネスでは、同じ業界や分野で複数の企業や商品が競争し合う関係になることを言います。「競合他社」や「競合商品」などを略して「競合」と呼ぶこともあります。

メール・電話・手紙

仕事でのメールや手紙で使う漢字には、友達や家族
とはあまり使わない難しい表現が多くあります。正
しく使いこなせるようになりましょう。

【 用件 】 ようけん

例文 担当者にお繋ぎしますので、まずはご**用件**をお伺いします。

解説 用件とは、やらなければならない仕事や、伝えるべき事柄のことです。同
じ読み方に「要件」があります。これは、ある事柄のために必要になる条
件のことを指します。使い分けられるように注意しましょう。

【 検討 】 けんとう

例文 一旦持ち帰って、社内で**検討**いたします。

解説 検討とは、様々な面からよく調べて、よいか悪いか考えるという意味です。
「検」はよく調べることを表します。同じ読み方の「見当」は、まだはっき
りしていないことについて、大体の予想をつけることを言います。

【 恐縮 】 きょうしゅく

例文 大変**恐縮**ですが、明日までにご返答を頂けますでしょうか。

解説 恐縮は、相手に迷惑をかけたり、配慮してもらったりして、身が縮むほど
恐れ入っている気持ちを表します。相手に感謝を伝えるときや、何かを依
頼したり断ったりする場面でも使える、とても便利な言葉です。

【 何卒 】 なにとぞ

例文　**何卒**ご理解のほど、よろしくお願い申し上げます。

解説　何卒は強くお願いする気持ちを表す言葉で、「どうぞ」「ぜひとも」を丁寧に伝える言い方です。何かを依頼する場面に加えて、お詫びする場面で使うこともできます。「なにそつ」と読み間違えないよう気をつけましょう。

【 幸甚 】 こうじん

例文　ご出席いただけましたら、**幸甚**に存じます。

解説　幸甚は、とても幸せな気持ちや、ありがたいという思いを意味します。主に手紙やメールなどで使う、固い印象の書き言葉です。「甚」は訓読みで「甚（はなは）だしい」などと読み、度を越えている様子を表します。

【 末筆 】 まっぴつ

例文　**末筆**ながら、貴社のますますのご発展をお祈り申し上げます。

解説　末筆は、手紙やメールなどの文章の終わりの文につけ加えて使う言葉です。多くの場合、「末筆ですが」「末筆ではございますが」の形で用います。「末」には、「月末」「巻末」などのように、終わりという意味があります。

【 略儀 】 りゃくぎ

例文　**略儀**ながら書面を以てお礼申し上げます。

解説　略儀とは、正式な手続きや段階を省略して、簡単にした方法のことを指します。直接会って伝えるべきことをメールや手紙で済ませる、非礼をお詫びする言葉です。「義」「議」などの書き間違いに注意しましょう。

【 清祥 】 せいしょう

例文 ますますご**清祥**のこととお喜び申し上げます。

解説 清祥は、相手が健康で幸せに暮らしていることを喜び祝う、あいさつの言葉です。かしこまった手紙やメールで使います。似た言葉の「清栄」は、相手の無事と繁栄を喜ぶ意味で、会社などの組織に対しても使えます。

【 拝啓 】 はいけい

例文 **拝啓**　貴社ますますご清栄のこととお喜び申し上げます。

解説 拝啓は、手紙のはじめに使うあいさつの言葉です。「啓」には申し上げるという意味があり、「拝」は謙遜を表すので、「謹んで申し上げます」という意味になります。「拝啓」で文章を始めたら、文末は「敬具」で終わります。

【 査収 】 さしゅう

例文 請求書を送付いたしましたので、ご**査収**ください。

解説 査収とは、書類や品物などをよく調べて受け取るという意味です。送った相手に確認してもらいたいとき、例文のように使います。メールにファイルを添付したり、手紙に何かを同封したりする場面で多用します。

【 落掌 】 らくしょう

例文 本日、お手紙を**落掌**いたしました。

解説 落掌とは、手紙や品物などを受け取るという意味です。「掌」は手のひらのことを指し、手のひらに落ちると書いて、手に入れるということを表します。「落手」も同じ意味ですが、「落掌」の方がさらに改まった言い方です。

【 厚情 】　こうじょう

例文　平素より格別のご**厚情**を賜り、厚く御礼を申し上げます。

解説　厚情とは、心からの深い思いやりの気持ちという意味です。相手の親切心や心配りに感謝を述べるときなどに使われます。同じ意味で「厚意」「厚志」という言葉もあります。「厚」は、心がこもっている様子を表します。

【 鞭撻 】　べんたつ

例文　今後ともご指導ご**鞭撻**のほど、よろしくお願い申し上げます。

解説　鞭撻の元の意味は、鞭で打って懲らしめることです。一般的には、努力するように励ますことを言います。例文のような形で目上の人に向けて使い、相手から自分への指導や教育に対する尊敬の気持ちを表します。

【 容赦 】　ようしゃ

例文　本状と行き違いの場合は、何卒ご**容赦**ください。

解説　失敗などを許して大目に見ることを容赦と言います。自分の至らない点を相手にお詫びしつつ、許してもらえるようお願いするときに使われる言葉です。また、「容赦しない」は手加減をしないことを表します。

【 遺憾 】　いかん

例文　誠に**遺憾**ながら、御社のご要望には応じかねます。

解説　遺憾は、思っていた通りにならず、残念に思うことを表す言葉です。釈明や謝罪、または相手への非難などを含むことが多いです。「憾」は、心残りに思うという意味です。「感」と書き間違えないよう気をつけましょう。

第1章　仕事で使われる漢字「ビジネス」

49

① ぜひ、ヘイシャのサービスをご利用ください。

（　　　　　　　　　　）

② 書記担当として、会議のギジロクを取る。

（　　　　　　　　　　）

③ 専門家を技術コモンとして招く。

（　　　　　　　　　　）

④ 耐用年数から、ゲンカショウキャクの計算をする。

（　　　　　　　　　　）

⑤ ４月から総務課へイドウする。

（　　　　　　　　　　）

⑥ 価格についてはこれ以上ジョウホできない。

（　　　　　　　　　　）

⑦ トラックの最大セキサイ量まで荷物を積む。

（　　　　　　　　　　）

⑧ 今回の企画のシュシをまとめる。

（　　　　　　　　　　）

⑨ リャクギながら書面を以てお礼申し上げます。

（　　　　　　　　　　）

⑩ 誠にイカンながら、ご要望に応じかねます。

（　　　　　　　　　　）

❶ 週に１回、進捗状況を確認している。

（　　　　　　　　　　　）

❷ 決まり次第、逐次報告していきます。

（　　　　　　　　　　　）

❸ 老舗のメーカーがつくった製品は質がよい。

（　　　　　　　　　　　）

❹ 金庫内の現金と出納帳の残高を一致させる。

（　　　　　　　　　　　）

❺ 失言で大臣が更迭される。

（　　　　　　　　　　　）

❻ 相手から契約を反故にされた。

（　　　　　　　　　　　）

❼ 精密な鋳造技術でつくられた細かい部品を使う。

（　　　　　　　　　　　）

❽ 若年層に人気のタレントを CM に起用する。

（　　　　　　　　　　　）

❾ 何卒よろしくお願い申し上げます。

（　　　　　　　　　　　）

❿ ますますご清祥のこととお喜び申し上げます。

（　　　　　　　　　　　）

51

第1章の解答

書き問題

① 弊社

② 議事録

③ 顧問

④ 減価償却

⑤ 異動

⑥ 譲歩

⑦ 積載

⑧ 趣旨

⑨ 略儀

⑩ 遺憾

読み問題

❶ シンチョク

❷ チクジ

❸ シニセ

❹ スイトウ

❺ コウテツ

❻ ホゴ

❼ チュウゾウ

❽ ジャクネンソウ

❾ ナニトゾ

❿ セイショウ

第 **2** 章

常識として知っておきたい漢字 「政治・経済」

本章では、国内外の政治や経済に関する漢字を紹介します。正しい漢字を知らないと、恥をかき、常識がない人だと思われます。意味や使い方も含めて確認しましょう。

選挙

選挙とは、組織や集団の代表者や役員を投票などに
よって選出することです。選挙に参加することで、自
分の意見や希望を実現する人を選びましょう。

連立政権　れんりつせいけん

例文　A党とB党が**連立政権**を組む。

解説　連立政権とは、複数の政党で担当する政権のことを言います。2020年12
月現在、日本の連立政権は自由民主党と公明党の「自公連立政権」が続い
ています。内閣が複数の政党からなることを「連立内閣」と言います。

党首討論　とうしゅとうろん

例文　テレビで**党首討論**を見る。

解説　党首討論とは、政党の党首同士が討論し合うことを言います。イギリス議
会の「クエスチョンタイム」を参考に、1999年、故小渕恵三首相と鳩山
由紀夫民主党代表が参加して初めて行われました。

比例代表制　ひれいだいひょうせい

例文　**比例代表制**で獲得議席が半数に減ってしまった。

解説　比例代表制とは、各政党の得票率に比例して、議席を配分する制度のこと
です。比例代表制では、原則的に「政党」へ投票します。「人」に投票する
小選挙区制では、ひとつの選挙区からひとりだけ当選します。

〔 擁立 〕 ようりつ

例文 A党は新人候補2人を**擁立**することを断念した。

解説 擁立は支持し、盛り立てて高い地位に就かせようとすることです。擁立は選挙時に使用することが多い言葉です。例えば、新人候補者を政党が支え、支持するときに使われます。類語には「応援」「支持」などがあります。

〔 棄権 〕 きけん

例文 今回の選挙は投票したい候補者がいないため、**棄権**する。

解説 棄権とは、権利を捨てて使わないことです。似た言葉に「辞退」があります。辞退は、遠慮して与えられた権利などを断ることです。棄権は、遠慮や謙遜の意味は含まないので、注意しましょう。

〔 支持率 〕 しじりつ

例文 現首相の**支持率**が70%で、前首相よりも高い数字をキープしている。

解説 人や団体が、ある集団の中で支持されている割合を支持率と言います。首相や内閣が国民にどのくらい支持されているかを表すことが多い言葉です。「支持」とは意見や主張などに賛成し、その後押しをすることです。

〔 有権者 〕 ゆうけんしゃ

例文 **有権者**として、政治に参加する。

解説 有権者とは、権利を持っている人のことを指します。特に選挙権を持っている人を指す場合が多い言葉です。わが国では、2015年6月に満20歳以上から、満18歳以上に選挙権の年齢が引き下げられました。

【政局】 せいきょく

例文 総選挙によって**政局**の安定を図ろうとしていることは明らかだ。

解説 政局とは、ある時点の政治の動向、政界の情勢を表しています。また、首相の進退や衆議院の解散など、重大局面につながる政権闘争なども指します。「政局が行き詰まる」や「政局になる」といった使い方をします。

【市井】 しせい

例文 彼女の功績は**市井**でも話題になっている。

解説 市井とは、人が多く集まる場所や社会を意味します。これは、中国で井戸周辺に人が多く集まり、市ができたことが由来だと言われています。市井は人名では「いちい」、社会や世の中、巷のときは「しせい」と読みます。

【世論】 よろん

例文 彼は**世論**を反映した戦略が得意だ。

解説 世間の人の意見を世論と言います。「せろん」とも読みます。以前はよろんを「輿論」と書き、世論は「せいろん」と読みました。「輿論」は大衆の意見、「世論」は世間一般の感情という違いがありました。

【迎合】 げいごう

例文 この会社は上司の意見に**迎合**しなければいけない。

解説 迎合とは、自分の考えを曲げてでも、他人が気に入るように調子を合わせることです。基本的には「げいごう」と読みますが、「迎合を打つ」という慣用句の場合は「あど」と読みます。

国会

国会とは、日本国憲法の定める国の議会のことを言います。衆議院と参議院の2つの議院があることから、国会議事堂は左右対称の建物になっています。

【 衆参両院 】 しゅうさんりょういん

例文 **衆参両院**の議長が祝辞を述べる。

解説 衆参両院とは、衆議院と参議院の両院の略称です。衆議院を「衆院」、参議院を「参院」とも言います。「衆議」は多人数で相談すること、「参議」は国家の政治上の議事に関わることです。

【 与党 】 よとう

例文 次の選挙では、**与党**は議席を減らすだろう。

解説 与党とは、政権を担当している党のことです。担当していない党は野党と言います。与党の「与」には味方する、野党の「野」には民間、行政に関わらないという意味があります。

【 参考人招致 】 さんこうにんしょうち

例文 その社長は**参考人招致**を拒否した。

解説 参考人招致とは、国会の委員会で、調査のために人を招き、意見を聞くことです。「参考人」は意見を求められる人、「招致」は招き寄せることです。参考人招致は出頭を強制されず、嘘の証言をしても罪に問われません。

〚 証人喚問 〛 しょうにんかんもん

例文 A党は○○議員に対して、**証人喚問**を要求している。

解説 証人喚問は、裁判所などが事実を問うために証人を呼び出すことです。正当な理由がない場合、出頭や証言、記録の提出を拒否すると罰金などが科されます。嘘の証言をすると、偽証罪（ぎしょうざい）に問われる可能性があります。

〚 所信表明 〛 しょしんひょうめい

例文 新しい首相が**所信表明**をする。

解説 所信表明とは、考えや方針を演説し、表に出すことです。「所信」は信じている事柄、「表明」は決意を表し、示すことです。類語は「決意表明」です。「所信表明」は公の場、「決意表明」は身内に向けて行います。

〚 公聴会 〛 こうちょうかい

例文 新年度の予算案について、**公聴会**が開かれる。

解説 公聴会は、国などが特に重要な事項を決めるときに、学識者などを招き意見を聞く制度です。「公聴」は行政機関などが、一般市民の意見を求めることです。「広聴」とも書きます。ただし、公聴会は「公聴」と書きます。

〚 歳費 〛 さいひ

例文 来年は**歳費**が削減されるだろう。

解説 歳費とは、国庫から国会議員に支給される1年間の給与のことです。歳費の「歳」は年、「費」は物の購入や仕事のために使う金銭という意味です。歳費法という法律もあり、月額129万4000円と決められています。

【 審議 】 しんぎ

例文 **審議**の結果、彼に過失はないと判断された。

解説 審議は、ある物事について詳しく調査や検討し、そのもののよしあしなどを決めることです。「審」は物事を詳しく調べて明らかにすること、「議」は意見を出して話し合うことです。

【 諮問 】 しもん

例文 文部科学省は**諮問**委員会に意見を求めた。

解説 有識者または一定機関に意見を求めることを諮問と言います。諮問の回答が「答申」になります。「諮」も「問」も質問するという意味ですが、「諮問」は上の者が下の者に問うことです。類語は「諮詢」です。

【 答弁 】 とうべん

例文 首相が議会で**答弁**したものの、さらなる疑問を生んだ。

解説 答弁とは、質問に答えて説明することです。答弁の「答」は、質問などに返事をすること、「弁」は述べる意味です。答弁を使った言葉に「答弁書」があります。これは、訴えられたときに裁判所に提出する書面のことです。

【 答申 】 とうしん

例文 厚生労働省からの諮問は今週中に**答申**を出さなければいけないだろう。

解説 答申とは、上司の問いに対して意見を申し述べることです。諮問を受けた事柄について、行政官庁に意見を具申することでもあります。上司の問いは、「諮問」と言います。答申は「諮問」と一緒に覚えましょう。

【 進言 】 しんげん

例文 上司に**進言**したが、取りつく島もなかった。

解説 進言とは、目上の者に対して意見を申し述べることです。「提言」の謙譲語になります。「進言する」という形で使います。自分よりも目下の人に意見を言うときは使用できないため、注意しましょう。

【 贈賄 】 ぞうわい

例文 あの建設会社は**贈賄**疑惑がかけられている。

解説 贈賄とは、賄賂を贈ることです。受け取ることは「収賄^{しゅうわい}」です。「賄賂」は、自分の利益になるように取り計らってもらうなど、不正目的で贈る金品のことです。金品に限らず、名誉や地位などを与えることも賄賂になります。

【 隠蔽 】 いんぺい

例文 彼はいつも**隠蔽**工作に加担している。

解説 隠蔽とは、事の真相などを故意に隠すことを言います。隠すだけでなく、もみ消すことも隠蔽には含まれています。隠蔽の「隠」には内情を見えないようにする、秘密にする、「蔽」には覆い隠すといった意味があります。

【 聴聞会 】 ちょうもんかい

例文 彼の免許取り消しの**聴聞会**に付添人として出席する。

解説 行政機関が聴聞を行うために開く会を聴聞会と言います。「聴聞」とは、行政機関が規則の制定などを行うにあたって、第三者などの意見を聞くことです。類語には「聴取」があります。聴取も聞き取ることを意味します。

【 失脚 】 しっきゃく

例文 彼女は失言が原因で**失脚**した。

解説 失脚とは、失敗したり陥れられたりして、地位や立場を失うことなどの意味があります。失脚の「失」にはなくす、あやまち、「脚」には、支えとなるもの、物事の根拠といった意味があります。類語は「失墜」です。

【 採択 】 さいたく

例文 新しい法案が**採択**された。

解説 いくつかあるものの中から選んで取り上げることを採択と言います。採択を使う言葉には「採択地区」があります。これは、教科用図書採択地区と言い、同じ地域の公立小中学校で同一の教科書を使用することです。

【 不信任決議 】 ふしんにんけつぎ

例文 首相の**不信任決議**はまた見送られた。

解説 不信任決議とは、議会で不信任案を審議し、決議することを言います。首長などの特定の地位にある人について、信任できないことを意思表示した議決です。特に内閣不信任決議のことを指します。

【 詔書 】 しょうしょ

例文 大臣のもとに**詔書**が届けられた。

解説 詔書とは、天皇が発する公文書のことを言います。例えば、国会の召集、衆議院の解散など天皇の国事行為の形式として用いられています。詔書の「詔」には天皇の言葉、「書」には文書や手紙という意味があります。

行政

行政とは、法律で定められた内容を実行する機能や組織のことです。簡単に言うと、法律を定める「立法」や裁判を行う「司法」以外のことを行います。

【 首相官邸 】 しゅしょうかんてい

例文 **首相官邸**を見学し、階段で記念写真を撮った。

解説 首相官邸は、東京都永田町にある首相および官房長官が執務を行う建物のことです。この建物で、重要な会議が行われます。内閣を組織すると、首相官邸の2階と3階をつなぐ階段で記念写真を撮る慣例があります。

【 官房長官 】 かんぼうちょうかん

例文 **官房長官**は総理大臣の女房役とも言われている。

解説 官房長官は内閣官房長官の略称で、内閣官房（閣議事項の整理、情報収集を行う）の長官として事務を統轄し、首相を補佐する役職です。2021年1月現在、第99代首相の菅 義偉氏が官房長官在職最長日数保持者です。

【 住民基本台帳 】 じゅうみんきほんだいちょう

例文 **住民基本台帳**を照合しに区役所に行く。

解説 住民基本台帳とは、市町村が住民全体の住民票を世帯ごとに編成して作成した台帳のことを言います。2005年に個人情報保護法が施行される以前は、名前や生年月日、住所や性別は原則として公開されていました。

【 再編 】 さいへん

例文 内閣を**再編**し、新しい課題に対処していく。

解説 再編は、新たに編成または編集し直すことです。再編を使った言葉には「再編復旧」があります。これは、被災地と周辺の非被災地の農地を合わせて区画整理を行い、整備していく復旧方法のひとつです。

【 組閣 】 そかく

例文 新しい内閣は**組閣**する前とあまり変わらないものになった。

解説 組閣とは、内閣総理大臣が自らの内閣を組織することを言います。首相と官房長官、与党代表者で組閣本部がつくられます。「組」には要素を集め、ひとつのまとまりに組み立てること、「閣」には内閣という意味があります。

【 罷免 】 ひめん

例文 優秀な大臣だったが、**罷免**されてしまった。

解説 職務を辞めさせることを罷免と言います。「罷」には役目を辞めさせる、しりぞけること、「免」には職を解くという意味があります。罷免の類語は「免職」があります。「免職」は特に公務員の地位を失わせることです。

【 官僚 】 かんりょう

例文 彼から**官僚**は日本全体で 1 万人ぐらいいるという話を聞いた。

解説 官僚とは、政策決定に対して影響力を持つ中・上級の公務員のことを指します。明治時代では新政府の役人を「官員」と呼んでいましたが、明治末期から大正時代にかけて「官僚」が使われるようになりました。

【 癒着 】 ゆちゃく

例文 民間企業と政治家の**癒着**が問題視されている。

解説 癒着は、本来分離しているはずの臓器や組織面が外傷や炎症のためにくっつくことです。また、好ましくない状態で強く結びついていることも意味します。あまりよい意味の言葉ではありませんので、注意しましょう。

【 陳情 】 ちんじょう

例文 **陳情**書を書き、都議会に提出する。

解説 陳情とは、目上の人に実情や心情を述べることです。特に公的機関や政治家に実情を訴え、要請することを言います。類語は「請願（せいがん）」です。請願は国民の権利として法律で規定され、その処理も制度化されています。

【 弾劾 】 だんがい

例文 野党は首相に味方した裁判官の**弾劾**を求めている。

解説 弾劾とは、不正をはっきりさせて、責任をとるよう求めることです。特に裁判官などの法令によって身分保障されている人が、罪を犯したときに責任を問うのが弾劾です。日本の弾劾制度は、裁判官と人事官のみが対象です。

【 補正予算 】 ほせいよさん

例文 自然災害に見舞われ、**補正予算**の編成を余儀なくされる。

解説 補正予算とは、年度途中に当初予算を補う形で組まれる予算のことです。例えば、自然災害など、新たに必要な予算が発生した際に編成されます。これは内閣が補正予算案を作成し、国会で審議され成立します。

〖 改訂 〗 かいてい

例文 教科書を**改訂**する。

解説 改訂は、書物や規則などを一部改めて適当な形に正すことです。類語は「改定」です。これは、法律や制度など以前のものを改めて新しく定めることです。法令文は「改定」に統一することが決められています。

〖 所轄庁 〗 しょかつちょう

例文 **所轄庁**を調べて、NPO法人として申請する。

解説 所轄庁とは、特定非営利活動法人（NPO法人）の認証権や監督権を持つ行政機関です。所轄の「所」は何かが行われるところ、特定の業務を行う施設、「轄」はある範囲をおさえて支配するという意味があります。

〖 地方自治 〗 ちほうじち

例文 **地方自治**制度のあり方を考える。

解説 地方公共団体の政治が国の関与を受けず、住民の意思に基づいて行われることを地方自治と言います。つまり、地域住民の声を生かした政治を行えるということです。地方自治は、憲法でも保障されています。

〖 地方分権 〗 ちほうぶんけん

例文 **地方分権**のため、災害手当が受けられた。

解説 地方分権とは、統治権力を地方に分散することです。統治権力が中央政府に統一集中していることは中央集権と言います。地方分権では、地域に適したお金の使い方などができるため、より地域密着型の政治になります。

【 政令指定都市 】 せいれいしていとし

例文 小さな村から**政令指定都市**に引っ越すことになった。

解説 政令指定都市とは、一定のものを処理する権限が与えられた、人口50万人以上の政令で指定された市を言います。「指定都市」とも言います。政令指定都市は、大阪市、名古屋市、京都市、横浜市、神戸市などがあります。

【 合併 】 がっぺい

例文 A区とB区が**合併**する。

解説 合併とは、2つ以上のものが合わさることです。特に、企業や市町村などが合わさるときに使います。類語は「併合」です。意味は「合併」と同じですが、国家間の場合に限り、強い国が弱い国を呑み込むことです。

【 区議 】 くぎ

例文 またあの**区議**の言動が世間を騒がせている。

解説 区議とは、区議会議員の略称で、東京都の特別区および財産区の議員のことを指します。市の自治に関することは「市議（市議会議員）」、県の自治に関することは「県議（県議会議員）」が話し合い、決定します。

【 不交付団体 】 ふこうふだんたい

例文 今年は**不交付団体**である自治体も、来年は交付団体になるだろう。

解説 不交付団体とは、普通地方交付税が交付されない地方自治体のことです。独自の税収だけで行政を運営できる、自立した地方自治体です。一方、普通地方交付税の交付を受ける地方自治体のことを「交付団体」と言います。

国際政治

国際政治は、国家間で展開される政治的な諸関係の総称です。戦争や外交などの国際問題は他人事ではなく、日常生活に影響する重要なことです。

【 有事法制 】 ゆうじほうせい

例文 **有事法制**がよいことか悪いことか調べる。

解説 有事法制とは、外国から武力攻撃を受けた場合などの有事に対応するための法制を言います。例えば、戦争が起こった際に移動の自由を制限したり、空港や港湾を封鎖したりと軍隊が動けるようにするための法制です。

【 批准 】 ひじゅん

例文 アメリカと日本との安全保障条約は**批准**された。

解説 批准とは、全権委員が署名した条約に対する、当事国における最終的な同意の手続きのことです。例えば、外務大臣が条約にサインし、それを国に持ち帰って、国会が同意（批准）するとその条約は発効します。

【 発展途上国 】 はってんとじょうこく

例文 **発展途上国**にきれいな水を届ける活動に賛同する。

解説 発展途上国は、ひとり当たりの実質的所得が低い国のことです。例えば、アフガニスタンやセネガルなどです。対義語には「先進国」があります。先進国は政治や経済などが国際水準からみて進んでいる国のことです。

【 条約 】 じょうやく

例文 **条約**に基づいて軍備を縮小する。

解説 条約は、国家間などの文書による合意のことです。日本では内閣がその締結の権利を持ち、事後に国会の承諾を得る決まりがあります。似た言葉に「協定」があります。これは条約ほど拘束力が強くない合意のことです。

【 欧州連合 】 おうしゅうれんごう

例文 イギリスは国民投票で**欧州連合**にまた参加するだろう。

解説 欧州連合とは、1993 年に発効したマーストリヒト条約（欧州連合条約）によって設立された国家共同体です。EU（European Union）とも呼ばれます。2020 年 12 月現在、フランスをはじめ 27 カ国が参加しています。

【 常任理事国 】 じょうにんりじこく

例文 安全保障理事会の決議は、**常任理事国**が賛成しなかったため、否決された。

解説 国際連合の安全保障理事会の理事国の地位を恒久的に有する国を常任理事国と言います。アメリカ、イギリス、ロシア、フランス、中国の 5 カ国のことを指します。この 5 カ国が全会一致しなければ、決議できません。

【 難民 】 なんみん

例文 トルコでは、**難民**を 370 万人も受け入れているという報道を見た。

解説 難民とは、天災や戦禍などによってやむを得ず住んでいる土地を離れた人や、人種や宗教の相違などから迫害され、国外に逃げた人を言います。2018 年のデータでは、世界で 7080 万人が難民生活を送っているそうです。

【 経済制裁 】 けいざいせいさい

例文 A国は**経済制裁**を受けている。

解説 国際法に違反した国などに対して、経済的手段によって制裁を加えること
を経済制裁と言います。例えば、輸出入の制限や禁止など、外交手段が取
られます。国連安全保障理事会での決定を基に行われます。

【 万国博覧会 】 ばんこくはくらんかい

例文 父と**万国博覧会**を見に行く。

解説 万国博覧会とは、科学や技術の発展を目的に世界各国で開催される博覧会
です。万博とも言います。第1回目は、1851年にロンドンで行われまし
た。2020年12月現在、日本では大阪など、計5回開催されています。

【 締結 】 ていけつ

例文 A社とB社が売買契約を**締結**する。

解説 締結とは、契約などを結ぶことです。似ている言葉に「妥結」があります。
妥結は、同意して約束を結ぶことです。「締結」は予めルールを取り決め一
致すること、「妥結」は対立し、交渉を重ね、約束する違いがあります。

【 紛争 】 ふんそう

例文 パレスチナでは今でも**紛争**が続いている。

解説 紛争とは、揉め事を指します。紛争の「紛」には乱れること、「争」には争
うといった意味があります。類語に「闘争」があります。闘争とは、社会
運動などで、権利や要求を獲得するために争うことを言います。

【 国連 】 こくれん

例文 **国連**総会を行う。

解説 国連とは国際連合の略称で、第二次世界大戦後に国際平和などのために設立された国際機構です。1945 年に発足、本部はニューヨークにあります。発足当初は 51 カ国でしたが、2020 年 12 月現在 193 カ国が加盟しています。

【 原爆 】 げんばく

例文 祖父から**原爆**の話を聞く。

解説 原爆とは、原子爆弾の略称で、原子核分裂のエネルギーを利用する爆弾を言います。1945 年に広島県と長崎県に投下され、50 万 1787 人が亡くなりました。世界で核兵器を使用したのは、この 2 カ所だけです。

【 廃絶 】 はいぜつ

例文 親子 10 代続く名家も**廃絶**の危機に立たされている。

解説 廃絶は、廃れてなくなることや廃止してなくすことを言います。廃絶の「廃」には崩れて使えなくなること、「絶」には途中で断ち切れる、連続しているものや関係が切れることを意味します。

【 駐日 】 ちゅうにち

例文 空席だった**駐日**大使に A 氏が着任した。

解説 駐日とは、派遣されて日本に住むことです。同様に、アメリカに住むときは「駐米」、韓国に住むときは「駐韓」と言います。類語に「滞日」や「在日」があります。どちらも日本に滞在、永住していることを言います。

〚 新興国 〛 しんこうこく

例文 1960年代、アフリカに多くの**新興国**が誕生した。

解説 新興国は、新たに独立した国を指す言葉です。また急速に経済成長を続けている国などにも使われます。「新興」は、既存のものに対して、別の勢力が新しく起こることを意味します。

〚 加盟 〛 かめい

例文 **加盟**国として会議に出席する。

解説 加盟とは、団体や組織に一員として加わることです。類語は「参画」「加入」などがあります。「参画」は計画に加わること、「加入」は社会的に認められた集まりに加わり、何らかの義務や恩恵を受けられることです。

〚 武装勢力 〛 ぶそうせいりょく

例文 **武装勢力**と警察が戦っている。

解説 武装勢力は武装し、対立勢力に武力闘争を仕掛ける集団のことです。武装勢力には子どもの兵士もいます。女の子、10歳の子も兵士として参加しています。2月12日は「子どもの兵士の使用に反対する国際デー」です。

〚 領海 〛 りょうかい

例文 **領海**を守って安全に漁をする。

解説 領海は、国家の領域の一部で、海岸に沿って一定の幅を持つ帯状の海域のことです。日本は2020年12月現在、12海里（約22キロ）です。対義語は「公海」です。公海とは、各国が自由に使用できる海域を言います。

市場

市場とは、商品や証券などを取引する場所のことです。豊洲市場のように実在する市場と外国為替市場のようにバーチャルな市場があります。

〘 寡占 〙 かせん

例文 大手三社が通信業界を**寡占**している。

解説 寡占は、少数の供給者が市場を支配していることです。業界で、少数の大企業がその市場を支配しているような状態を指します。売り手が少ないことを「売り手寡占」、買い手が少ないことを「買い手寡占」と言います。

〘 競売 〙 けいばい

例文 持ち物すべて**競売**にかけられる。

解説 買い手に値をつけさせ、最高価格を申し出た者に売る方法が競売です。「きょうばい」とも言いますが、法律用語では「けいばい」と読みます。競売は一般人が行う「私競売」と、国家機関が行う「公競売」があります。

〘 通貨 〙 つうか

例文 他国の**通貨**と交換する。

解説 流通手段や支払い手段として使う貨幣を通貨と言います。通貨は、大きく分けて「現金通貨」と「預金通貨」があります。「現金通貨」は紙幣や硬貨、「預金通貨」は普通預金や当座預金などの決済口座を表しています。

【 需要 】 じゅよう

例文 **需要**と供給が合っていない。

解説 需要とは、求めること、企業などの経済主体が市場において購入しようとする欲求です。対義語には「供給」があります。供給とは、必要に応じて物を与えること、販売のために市場に商品を出すという意味があります。

【 助成金 】 じょせいきん

例文 契約社員から正社員になり、**助成金**を手に入れた。

解説 助成金とは、援助するお金のことです。似た言葉に「補助金」があります。「助成金」は厚生労働省が雇用関係の支援のため、「補助金」は経済産業省が政策目的達成のために中小企業を支援する制度です。

【 預金 】 よきん

例文 **預金**残高が 1000 万円になる。

解説 銀行などの金融機関に金銭を預けることを預金と言います。預金と似た言葉に「貯金」があります。貯金とは、ゆうちょ銀行や JA バンク、JF マリンバンクに預けたお金のことを指します。

【 貯蓄 】 ちょちく

例文 月 5 万円を**貯蓄**する。

解説 貯蓄とは、財貨を蓄えること、所得のうち、消費されないで残った部分のことです。類語は「備蓄」です。備蓄とは、緊急時における供給途絶や供給不足に備えてエネルギー、食糧、原材料などを蓄えておくことです。

【 所得 】 しょとく

例文 **所得**税が上がってしまった。

解説 所得とは、一定期間に得た収入から経費を控除した残りの純収入のことを言います。類語に「収入」があります。収入とは、給与や賞与などの合計です。所得は、この収入から給与所得控除を差し引いた金額を指します。

【 景気 】 けいき

例文 **景気**が回復しつつある。

解説 景気とは、経済活動の状況のことです。特に、経済活動が活気を帯びていることを指します。好調のときは「好景気」、不調のときは「不景気」と言われます。「景気が上向く」「景気のいい店」といった使い方をします。

【 卸売 】 おろしうり

例文 **卸売**市場を見学する。

解説 卸売は、生産者や輸入業者から大量の商品を仕入れ、小売商に売り渡すことです。問屋といった言い方もします。消費者には売ることはありませんが、小売り可能というお店であれば、一般客も購入することができます。

【 独禁法 】 どっきんほう

例文 あの店は**独禁法**に違反している。

解説 独禁法とは、独占禁止法の略称で、私的独占や不当な取引制限、不公正な取引方法などの行為を規制する法律のことを言います。つまり、適正に価格などの競争が行われるように取り締まる法律です。

金融

金融とはお金を融通することを言います。これに関する言葉を使う機会は増えています。正しく理解しましょう。

【 利息 】 りそく

例文 **利息**を10%に設定する。

解説 金銭などを貸した対価として一定の割合で受け取る金銭のことを利息と言います。借りたときに支払うものを「利子」と言いますが、利子と利息は厳密に使い分けられているわけではありません。

【 証券 】 しょうけん

例文 **証券**取引を行う。

解説 証券とは、財産法上の権利、義務を記載した紙片(しへん)を言います。特に株券、社債券、国債券、手形、小切手、船荷(ふなに)証券などの有価証券を指します。有価証券は財産権を表示する証券で、権利の移転・行使が証券でできます。

【 融資 】 ゆうし

例文 **融資**を受けたため、利子を含めて返済する。

解説 融資とは、資金を融通することを言います。融資の「融」には流通する、「資」にはあることに役立てる金品を意味します。類語は「出資」や「投資」です。融資は返済義務があり、出資と投資は返済義務はありません。

【 為替 】 かわせ

例文 **為替**取引を行う。

解説 売買代金の受払いや資金の移動を、現金を輸送することなく行う手段を為替と言います。振込や口座振替も為替取引です。国内で行われるものを「内国為替」、異なる通貨間で行われるものを「外国為替」と言います。

【 相場 】 そうば

例文 新しい大統領になって**相場**が上向きになる。

解説 相場とは、市場で取引されるその時々の商品や株式、債券や外国為替などの値段を言います。市場における価格変動によって生じる差額で利益を得ようとする投機的取引（Foreign Exchange；FX）なども相場と言います。

【 地価 】 ちか

例文 地元の**地価**が上がる。

解説 土地の売買価格を地価と言います。地価は地価公示法に基づき、毎年1回国土交通省によって標準地の価格が公示されます。2020年日本商業地高額地点ランキングでは、「山野楽器銀座本店前」が5年連続1位です。

【 入札 】 にゅうさつ

例文 オークションで**入札**し、落札する。

解説 入札とは、物品の売買、工事の請負などの際に契約希望者が複数いる場合、金額などを文書で表示させ、その内容で契約の相手を決めることを言います。入札の「入」にはいれる、「札」には手紙という意味があります。

【 配当 】 はいとう

例文 **配当**金が口座に入金されている。

解説 配当とは、会社などが株主・出資者に利益または剰余金（企業のすべての資産である「純資産」から「資本金」「資本準備金」を引いた金額）の分配をしたり建設利息を支払ったりすることを言います。

【 銘柄 】 めいがら

例文 お気に入りの**銘柄**で株投資を行う。

解説 市場で取引の対象となる有価証券や商品の名称を銘柄と言います。銘柄を使った言葉に「銘柄売買」があります。これは、現物や見本によらず、銘柄2つを指定するだけで売買取引を行う方法です。

【 投資信託 】 とうししんたく

例文 **投資信託**で預貯金を増やす。

解説 投資信託とは、一般投資家から集めた資金を専門機関が運用し、その運用成果を投資家に配分する制度を言います。つまり、プロにお金を託して投資をお任せするのです。プロに任せる分、コストはかかります。

【 先物取引 】 さきものとりひき

例文 **先物取引**したものの、結果2割高で購入することになった。

解説 先物取引とは、未来のもの（価格）を、今取引することを言います。取引商品は、農産物、石油や貴金属といった資源、株価指数まで形があるものからないものまで、すべてです。対義語は「実物取引」です。

【 元本 】 がんぽん

例文 **元本**を手放す。

解説 元金、利益や収入を生じるもととなる財産または権利を元本と言います。元本は、預金や債券、特許権など、形があるものとないものがあります。住宅ローンなどでは、実際に借り入れた金額のことを言います。

【 債務 】 さいむ

例文 **債務**を果たす。

解説 債務とは、特定の人に特定の行為や給付（金銭の支払いや物の引き渡し）を提供しなくてはならない義務のことです。対義語に「債権」があります。これは、特定の人に特定の行為や給付を請求できる権利です。

【 高騰 】 こうとう

例文 リンゴの価格が**高騰**している。

解説 高騰は、物価や地価、株価などが大幅に上がることを言います。類語に「騰貴」や「暴騰」が挙げられます。「騰貴」は物価や地価の上昇を表し、「暴騰」は上昇する速度や上昇幅に焦点が当てられています。

【 暴落 】 ぼうらく

例文 株価が一晩で**暴落**した。

解説 暴落とは、物価や株価などが急激に大幅に下がることを言います。似た言葉に「下落」が挙げられます。下落も相場や株価などが下がることです。ただし、急激に下がるわけではありません。対義語は「暴騰」です。

【 出来高 】 できだか

例文 今週は**出来高**が多かった。

解説 出来高とは、出来上がった総量や収穫した総量を言います。また期間中に成立した売買の数量のことでもあります。売買の場合、売買で動いた総金額のことは「売買代金」と言います。

【 担保 】 たんぽ

例文 会社の株を**担保**にする。

解説 担保とは、売買や貸借などの取引における抵当（権利や財産を借金などの保証にあてること）を言います。ビジネスシーンで「担保する」と言うと、将来に備えて準備するという意味合いで使用されています。

【 破綻 】 はたん

例文 経営が**破綻**している。

解説 破綻とは、物事が修復しようがないほど上手くいかなくなることです。破綻の「破」と「綻」には、それぞれ破れるといった意味があります。似た言葉に「破産」があります。これは、財産をすべて失うことです。

【 東証 】 とうしょう

例文 **東証**一部上場の企業に勤める。

解説 東証とは、東京証券取引所の略称で、金融商品取引所のことです。東証は、東京都中央区日本橋兜町にあります。「東証一部上場」という言葉がありますが、これは東証一部で株取引が行われることです。

財政・貿易

財政や貿易は、一見私たちには関係ないように思われるかもしれませんが、物価の高騰や税金など日々の暮らしに大きく影響する重要なことです。

【累進課税】 るいしんかぜい

例文 来年は**累進課税**が変更になって家計が苦しくなるだろう。

解説 累進課税とは、所得や遺産の額が増えるほど、税率が高くなることです。この税金は、所得税、贈与税、相続税が対象です。所得税は5〜45%の7段階の税率、相続税・贈与税は10〜55%までの8段階の税率です。

【規制緩和】 きせいかんわ

例文 3月に銀行への**規制緩和**が実行されるだろう。

解説 経済活動に対する政府の規制を廃止・緩和することを規制緩和と言います。「規制」は悪い事態にならないように制限すること、「緩和」はゆるめることです。規制を「規正」と書き間違えないように注意しましょう。

【造幣局】 ぞうへいきょく

例文 **造幣局**の工場見学に参加する。

解説 造幣局とは、貨幣や金属工芸品の製造、品位証明などを行う独立行政法人です。貨幣のデザインは、職員や一般公募でつくることもあります。現在、使用されている1円硬貨のデザインは、公募によってつくられました。

【 市場介入 】 しじょうかいにゅう

例文 **市場介入**があったことで、急激な円安は免れた。

解説 市場介入とは、外国為替市場に政府・中央銀行が介入し、通貨の売買を通じて自国の通貨安定を図ることです。権限は財務大臣ですが、財務省から委託された日本銀行が実施しているため、「日銀介入」とも言われます。

【 定率減税 】 ていりつげんぜい

例文 **定率減税**が見直される。

解説 定率減税とは、1999年に景気対策として導入された減税制度のことで、所得税では 20% 相当、個人住民税では税額の 15% が控除される制度です。2007年に不良債権額の減少など、経済状況の改善から廃止されました。

【 日銀 】 にちぎん

例文 今日、会社に**日銀**考査が来るらしい。

解説 日銀とは日本銀行の略称で、日本の中央銀行のことです。発券銀行、銀行の銀行、政府の銀行などの機能を持ち、金融政策の運営にあたっています。また外国為替の管理・決済の集中機関としての役割も担っています。

【 国債 】 こくさい

例文 **国債**が年々増えている。

解説 国が発行する債券（国や地方公共団体などが資金を調達する際に、元本の返済などの条件を明確にして発行する有価証券）を国債と言います。債券の「債」には借金という意味があり、国債とは要は国の借金のことです。

【 貨幣 】 かへい

例文 国によって**貨幣**の価値は異なる。

解説 お金のことを貨幣と言います。これは、商品やサービスの円滑な交換や流通のための物体・媒介物という意味合いが強いです。似た言葉に「紙幣」があります。紙幣は貨幣の一種で、紙でつくられたものを言います。

【 金利 】 きんり

例文 10月から**金利**が上がる。

解説 金利とは、お金をある期間の中で貸し借りするときの利率です。似ている言葉に、「利子」「利息」があります。これらは、借りたお金の使用料として、貸した人（貸し主）に支払うお金のことです。

【 軽減税率 】 けいげんぜいりつ

例文 **軽減税率**で商品を購入すると、総額がわかりにくくなる。

解説 特定の商品の消費税率を一般的な消費税率より低く設定することを軽減税率と言います。例えば、スーパーなどで消費税率8%と10%の商品が並ぶように、複数の税率が一緒に並ぶため、「複数税率」とも呼ばれます。

【 貿易摩擦 】 ぼうえきまさつ

例文 アメリカと中国の**貿易摩擦**が問題になる。

解説 貿易摩擦とは、関係国間で発生する貿易上の紛争のことを言います。「通商摩擦」とも言われます。貿易を行うことで、一方の国だけ儲かってしまう場合、もう一方の国が不満に思い、そこから起こる対立のことです。

〖 関税 〗 かんぜい

例文 日本とアメリカが、自動車の**関税**で揉めているとニュースで報じられる。

解説 関税とは、輸入品に課される税のことです。国内の産業を保護することを目的としています。輸入品に関税が上乗せされると、関税の分だけ値段が高くなるので、価格の面で国内品が売れやすくなります。

〖 輸入 〗 ゆにゅう

例文 **輸入**したお肉が安売りされている。

解説 輸入とは、外国の商品を自国へ買い入れることを言います。対義語に「輸出」があります。これは、自国の産物・技術などを外国に向けて送り出すことです。特に、自国の商品を外国へ売ることを言います。

〖 恐慌 〗 きょうこう

例文 アメリカの大**恐慌**は、日本にも多大なる影響を及ぼした。

解説 恐慌とは、生産過剰などの原因により、景気が一挙に後退する現象のことです。1929 年にアメリカから始まり、全世界に及んだ「大恐慌」が有名です。日本では、大恐慌から影響を受けて「昭和恐慌」が起こりました。

〖 円高 〗 えんだか

例文 **円高**が続き、海外旅行を計画する。

解説 円高とは、外貨に対して円の価値が上がっている状態です。反対に、円の価値が下がっている状態を「円安」と言います。円を持つ方がよいと判断すれば円を買う人が増え、円の価値が高くなり、円高になります。

① トルコでは、ナンミンを 370 万人も受け入れている。

（　　　　　　　　　　　　）

② ヨキン残高が 1000 万円になる。

（　　　　　　　　　　　　）

③ 彼はヨロンを反映した戦略が得意だ。

（　　　　　　　　　　　　）

④ カメイ国として会議に出席する。

（　　　　　　　　　　　　）

⑤ ジュヨウと供給が合っていない。

（　　　　　　　　　　　　）

⑥ 教科書をカイテイする。

（　　　　　　　　　　　　）

⑦ 国によってカヘイの価値は異なる。

（　　　　　　　　　　　　）

⑧ 今週中にトウシンを出さなければいけない。

（　　　　　　　　　　　　）

⑨ 新しい法案がサイタクされた。

（　　　　　　　　　　　　）

⑩ A 区と B 区がガッペイする。

（　　　　　　　　　　　　）

❶ 新しい内閣は<u>組閣</u>する前と変わらない。

（　　　　　　　　　）

❷ <u>卸売</u>市場を見学する。

（　　　　　　　　　）

❸ <u>為替</u>取引を行う。

（　　　　　　　　　）

❹ 彼女の功績は<u>市井</u>でも話題になっている。

（　　　　　　　　　）

❺ 優秀な大臣だったが、<u>罷免</u>されてしまった。

（　　　　　　　　　）

❻ あの建設会社は<u>贈賄</u>疑惑がかけられている。

（　　　　　　　　　）

❼ 大手三社が通信業界を<u>寡占</u>している。

（　　　　　　　　　）

❽ 大臣は<u>諮問</u>委員会に意見を求めた。

（　　　　　　　　　）

❾ Ｂ国は<u>新興</u>国だ。

（　　　　　　　　　）

❿ アメリカと日本の条約は<u>批准</u>された。

（　　　　　　　　　）

第2章の解答

✏️ **書き問題**

① 難民
② 預金
③ 世論
④ 加盟
⑤ 需要
⑥ 改訂
⑦ 貨幣
⑧ 答申
⑨ 採択
⑩ 合併

🔍 **読み問題**

❶ ソカク
❷ オロシウリ
❸ カワセ
❹ シセイ
❺ ヒメン
❻ ゾウワイ
❼ カセン
❽ シモン
❾ シンコウコク
❿ ヒジュン

第**3**章

日常的に使いこなしたい漢字 「法律・社会」

本章では、ニュースや日常会話の中で登場する、法律や社会問題に関する漢字を紹介します。情報収集や会話のときに困らないよう、様々な話題について知っておきましょう。

法律（民事）

法律において民事とは、私法上の法律関係から生じる現象や事柄のことを言います。例えば、個人同士や企業同士が損害賠償請求などで争うことです。

〖 法廷 〗 ほうてい

例文 証人として**法廷**に立つ。

解説 法廷とは、裁判が行われる場所のことを指します。「法」は掟や秩序を維持するための規範のこと、「廷」は裁判を行う場所を言います。法廷と裁判所の違いは、法廷は裁判を行う場所、裁判所は国家機関です。

〖 法曹 〗 ほうそう

例文 **法曹**資格を取得する。

解説 法曹とは、法律事務に従事する人を言います。特に、裁判官や検察官、弁護士のことを指します。また裁判官や検察官、弁護士のことを「法曹三者」と言います。法曹の「曹」は、仲間という意味があります。

〖 訴訟 〗 そしょう

例文 **訴訟**を起こす。

解説 訴訟とは、訴え出ること、裁判を申し立てることを言います。「訴」は裁きを求めるために、上に申し出ること、「訟」は裁判で是非を争うことです。類語には「提訴」「起訴」などがあります。

【 名誉棄損 】 めいよきそん

例文 **名誉棄損**で訴えられた。

解説 名誉棄損とは、公然と事実を指摘して、人の名誉を傷つけることです。き そんは「毀損」「棄損」と書きますが、どちらも間違いではありません。「毀」 が常用漢字から外されていた時期があり、「棄」を使っていました。

【 損害賠償 】 そんがいばいしょう

例文 交通事故を起こし、**損害賠償**を支払う。

解説 損害賠償とは、他人に与えた損害を補い、損害をつぐなうことです。2018 年のデータによると、交通事故の死亡・後遺症賠償額の最高額は 2011 年 に判決が下された、被害者 41 歳男性、眼科開業医の 5 億 843 万円です。

【 守秘義務 】 しゅひぎむ

例文 **守秘義務**を守り、個人情報の漏出に気をつける。

解説 守秘義務とは、業務上の秘密を守る義務のことです。特に公務員や弁護士、 医療従事者などは重い守秘義務が課せられています。一般のビジネスパー ソンにも、インサイダー情報、個人情報といった守秘義務があります。

【 侵害 】 しんがい

例文 著作権**侵害**に気をつけて、著作権フリー素材を使用する。

解説 侵害とは、他人の権利や利益、領土などを侵して損害を与えることです。例 えば、「人権侵害」「特許権侵害」「著作権侵害」などがあります。侵害の 「侵」は、おかす、他人の領分に入り込むという意味です。

【控訴】 こうそ

例文 判決に納得できず、**控訴**する。

解説 第一審判決に不服のある場合、上級裁判所に再審査を求めることを控訴と言います。類語に「上告」があります。「控訴」は一審判決に不服を申し立てること、「上告」は二審判決に不服を申し立てることです。

【示談】 じだん

例文 離婚相手から**示談**金をもらう。

解説 示談とは、民事上の紛争を裁判という形ではなく、当事者同士の合意という形で決めることです。例えば、離婚や交通事故など、慰謝料や条件を決めて交渉します。そのときに発生するお金を「示談金」と言います。

【和解】 わかい

例文 あのカップルは、二審判決前にいつの間にか**和解**していた。

解説 和解とは、民事上の紛争で当事者同士が譲歩し、争いをやめることを言います。似た言葉に「示談」があります。「示談」は裁判になる前に解決すること、「和解」は裁判の途中で仲直りするという時期の違いがあります。

【調停】 ちょうてい

例文 **調停**手続きを行う。

解説 調停とは、第三者が介入して、紛争している双方を譲歩や合意の上、和解させることを言います。家庭に関する事件の調停は「家事調停」、家庭や労働以外の一般的な事件のときは「民事調停」と言います。

【 陪審 】 ばいしん

例文 私の曽祖父は**陪審**員に選ばれたことがある。

解説 陪審とは、一般人が有罪か無罪かの犯罪事実の認定を行い、裁判官が法解釈と量刑を判断する制度です。似ている言葉に「参審制」があります。これは参審員と裁判官が一緒に犯罪事実の特定と法解釈、量刑を判断します。

【 審理 】 しんり

例文 この事件を**審理**する。

解説 審理とは、事実を詳しく調べて、はっきりさせること、また裁判での事実関係や法律関係を調べて明らかにすることです。審理の「審」には物事を詳しく調べて明らかにすること、「理」には筋道という意味があります。

【 簡裁 】 かんさい

例文 **簡裁**に訪れる。

解説 簡裁とは、「簡易裁判所」の略称で、最下級の裁判所のことを指します。請求金額が 140 万円以下の民事事件、軽い刑が科される刑事事件などの第一審を取り扱います。

【 家裁 】 かさい

例文 息子の判決のため、**家裁**に行く。

解説 家裁とは「家庭裁判所」の略称で、家庭に関する事件の審判や調停、少年保護事件の審判などを行う下級裁判所のひとつです。以前は少年審判所と家事審判所に分けられていましたが、1949 年に統合されました。

《 地裁 》 ちさい

例文 自転車と接触事故を起こしたため、**地裁**に出向く。

解説 地裁とは「地方裁判所」の略称で、第一審を担当し、家庭裁判所や簡易裁判所で扱われないすべての事件の裁判をします。ほとんどの裁判は、地方裁判所から始まります。

《 最高裁 》 さいこうさい

例文 この事件は控訴、上告を経て**最高裁**の判断を仰ぐこととなった。

解説 最高裁とは「最高裁判所」の略称で、上告された事件の最終的な判断をする場所です。法律が憲法に違反していないかどうかを判断する役割もあり、「憲法の番人」とも言われています。

《 剥奪 》 はくだつ

例文 会員としての権利を**剥奪**する。

解説 剥奪とは、剥ぎ取って奪うこと、力ずくで取り上げることを言います。対義語には「付与」があります。付与とは授け、与えることを意味します。剥奪は力強い言葉です。使用時には注意しましょう。

《 遵守 》 じゅんしゅ

例文 法律を**遵守**する。

解説 遵守とは、法律や道徳、習慣を守り、従うことです。「順守」とも書きます。公用文や公文書、契約書といったビジネスの場面では「遵守」、新聞は「順守」、それ以外では好きな方を使用してください。

法律（刑事）

法律において刑事とは刑法の適用を受け、処理される事柄のことを言います。民事と異なり、検察官が犯罪を起こしたとされる人を被告人として起訴します。

【 容疑者 】 ようぎしゃ

例文　**容疑者**のひとりとして取り調べに応じる。

解説　容疑者とは、犯罪の疑いをかけられた人のことを指します。「被疑者」とも言います。容疑者も被疑者も犯罪の疑いをかけられているものの、起訴はされていません。対義語には「被害者」が挙げられます。

【 裁判官 】 さいばんかん

例文　**裁判官**の判決を聞くとき、被告は起立する。

解説　裁判官とは、裁判所の構成員として裁判事務を担当する国家公務員のことを指します。日本弁護士連合会の『弁護士白書 2019 年版』では、簡易裁判所の判事を除くと全国に裁判官は 2774 人いるそうです。

【 検察官 】 けんさつかん

例文　**検察官**として真相を究明する。

解説　検察官とは、犯罪を捜査し、法律違反を行った人を裁判にかけ、法の裁きを受けさせる国家公務員のことを指します。検察官が唯一、加害者を裁判にかける権利を持っています。

〖 弁護士 〗 べんごし

例文 **弁護士**に息子の事件の弁護を依頼する。

解説 当事者やその事件に関係する人の依頼、官公署の委託で、事件や法律事務を行う人のことを弁護士と言います。弁護士の内、刑事訴訟のときに、被疑者や被告人の利益を保護する人を「弁護人」と言います。

〖 摘発 〗 てきはつ

例文 違法カジノ店を**摘発**する。

解説 摘発とは、悪事などを暴いて世間に公表することを言います。犯人がわかっている場合は、摘発ではなく、「検挙」や「逮捕」になります。摘発は法律用語ではありませんが、事件を報じる場面などでよく使われます。

〖 書類送検 〗 しょるいそうけん

例文 飲酒運転をして、**書類送検**される。

解説 書類送検とは、犯罪容疑者の身柄を拘束せず、事件に関する調書だけを検察庁に送ることです。警察官は現行犯逮捕ではない限り、常に被疑者を逮捕できるわけではありません。そのため、書類だけ送る形になるのです。

〖 裁判員制度 〗 さいばんいんせいど

例文 **裁判員制度**で裁判員に選ばれる。

解説 裁判員制度とは、刑事裁判に国民から選ばれた裁判員が参加する制度のことを指します。裁判員は裁判に参加し、証拠を調べ、裁判官と協議して被告人が有罪か無罪かを判断し、量刑を決定します。

【執行猶予】 しっこうゆうよ

例文 **執行猶予**3年と言い渡されて、今日、ついに刑が無効になった。

解説 執行猶予とは、有罪の判決を受けた人の性格などを考慮し、刑の執行を一定期間猶予し、問題なくその期間を経過すれば刑を科さないこととする制度です。猶予は1年以上5年以下で行われます。

【拘留】 こうりゅう

例文 公然わいせつ罪で兄が**拘留**される。

解説 拘留とは、1日以上30日未満の間、刑事施設に拘束される刑罪のことです。拘留は前科がつきます。同じ読み方で「勾留」があります。勾留も拘留と同じように身柄を拘束しますが、処置の一種で刑罰ではありません。

【保釈】 ほしゃく

例文 有名な芸能人が**保釈**されて出てきた。

解説 保釈とは、一定額の保証金を納付させて、勾留中の被告人の身柄を一時的に解くことです。起訴前の被疑者には、保釈は認められていません。また保釈が取り消されると、再び身柄は拘束されます。

【釈放】 しゃくほう

例文 痴漢の容疑がかけられていた兄は、不起訴で**釈放**された。

解説 釈放とは、受刑者や被疑者、被告人などの身柄の拘束を解くことを言います。保釈と異なり、逮捕や勾留が失効することで釈放されるため、犯罪を起こさなければ再び身柄を拘束されることはありません。

【 時効 】 じこう

例文 **時効**成立前日、強盗容疑者を起訴した。

解説 時効とは、一定期間、事実状態が継続した場合、真実の権利関係を問わず、その事実状態を尊重して権利の取得や喪失などの法律効果を認める制度です。宿泊代などの請求権は１年で消滅時効が成立します。

【 誤認 】 ごにん

例文 隣人が**誤認**逮捕される。

解説 誤認とは、見間違えることを言います。似た言葉に「誤解」があります。誤解はある事柄について、意味や解釈を間違えることです。「誤認」は最初から外れること、「誤解」は理解しようとして間違えることです。

【 冤罪 】 えんざい

例文 ○○さんは無罪を主張し続け、再審で**冤罪**が認められた。

解説 冤罪とは、罪がないのに罰せられることを言います。類語は「濡れ衣（ぬれぎぬ）」です。冤罪は、捜査機関の自白の強要が原因のひとつだと言われています。冤罪だと主張しつつも、死刑執行されたケースもあります。

【 棄却 】 ききゃく

例文 裁判官が上告を**棄却**する。

解説 棄却とは、裁判所が受理した訴訟について審理した上で請求を退けることを言います。似た言葉に「却下」があります。これは訴えの内容を審理せずに、門前払いすることです。

保険・契約

大人になると保険契約を考える機会が増えるかと思います。そんなときに知っておきたい言葉を集めました。

【 疾病 】　しっぺい

例文 脳卒中は三大**疾病**のひとつだ。

解説 疾病とは、病気のことを指します。疾病は「三大疾病」など、複数の病気をまとめていうときに多く使います。似た言葉に「疾患」がありますが、疾病よりも具体的な治療法がはっきりしているときに使います。

【 返戻金 】　へんれいきん

例文 祖父は**返戻金**でお寿司を食べに行った。

解説 返戻金とは、生命保険や積立保険などの契約が満期になったとき、または契約を解除したときに戻ってくるお金のことを指します。満期のときは「満期返戻金」、解約のときは「解約返戻金」と言います。

【 約款 】　やっかん

例文 インターネットサービスの**約款**に目を通す。

解説 約款は、条約や契約などに定められている個々の条項のことです。特に多数と契約するときに用いられます。似た言葉に「定款」があります。これは、会社などの目的や組織、活動などに関する規則をまとめたものです。

【 学資保険 】 がくしほけん

例文 息子のために、**学資保険**のパンフレットを見比べる。

解説 学資保険とは、学資準備のためにかける保険のことを言います。また「教育保険」とも言います。この保険は、教育資金を貯める「貯蓄型」と医療保険などがついた「保障型」の2パターンがあります。

【 満期 】 まんき

例文 契約が**満期**を迎える。

解説 満期とは、期限がくることを言います。似た言葉に「満了」があります。これは支払いが終わるタイミングを言い、決して契約自体は終了していません。満期は、契約が終わるタイミングのことです。

【 控除 】 こうじょ

例文 所得**控除**の申請を出す。

解説 控除とは、お金や数量などを差し引くことを言います。例えば、「医療費控除」は1年間で医療費が10万円以上かかった場合、払い戻しが発生します。医療費以外にも控除されるものがあります。

【 国民健康保険 】 こくみんけんこうほけん

例文 退職したため、**国民健康保険**の再加入のために役所に行く。

解説 国民健康保険とは、健康保険の適用を受けない自営業者などの、病気や出産に必要な保険給付を行う公的医療保険です。「国保」とも言います。外国籍でも日本での在留期間が3カ月を超える場合は、対象になります。

【 失効 】 しっこう

例文 保険契約が来月**失効**する。

解説 効力を失うことを失効と言います。保険の場合は、毎月の保険料が支払われず、振り込み猶予期間を経過した状態も失効と言います。契約そのものが失われますが、一定期間内ならば、手続きで復活できることもあります。

【 解約 】 かいやく

例文 携帯電話の契約を**解約**する。

解説 解約とは、契約を取り消すことです。似た言葉に「解除」があります。これは、制限を解くことを言います。「解約」は約束した内容について、「解除」は各種の制限に対して使われる言葉です。

【 厚生年金 】 こうせいねんきん

例文 フリーランスから会社員になるため、**厚生年金**にも加入する。

解説 厚生年金とは、国が定めた公的年金制度のことです。会社員や公務員が、国民年金とともに加入します。自営業者や学生、会社員などに扶養されている 20〜60 歳の年収 130 万円未満の人は国民年金のみに加入します。

【 損保 】 そんぽ

例文 関東大震災が起こってから、**損保**を検討する人が増えた。

解説 損保とは損害保険の略称で、偶然の事故によって生じる損害を補填（ほてん）する目的の保険のことを指します。火災保険、自動車保険などがあります。リスクに応じて保険も変わるため、保険会社によって様々な商品があります。

事件・事故・災害

事件と事故は悪い出来事、災害は被害が起こる現象です。犯罪性があれば事件、なければ事故、自然的原因は災害、人為的原因は事故という違いがあります。

〔 窃盗 〕 せっとう

例文 深夜に**窃盗**に入られる。

解説 窃盗とは、他人の金品や財産を盗み取ること、盗みをする人を言います。似た言葉に「盗難」があります。これは、金品を盗まれることを指します。つまり、盗む側は「窃盗」、盗まれる側は「盗難」と言います。

〔 詐欺 〕 さぎ

例文 結婚**詐欺**でお金を300万円騙し取られた。

解説 詐欺は、他人を騙して金品を奪ったり、損害を与えたりすることを言います。詐欺の「詐」と「欺」はともにあざむく、騙すという意味があります。結婚詐欺などの気持ちを騙すことも詐欺のひとつです。

〔 未遂 〕 みすい

例文 彼は犯罪**未遂**で何度も刑を逃れている。

解説 未遂とは、やりかけてやり遂げないこと、犯罪の実行に着手したものの、まだ成し遂げていないことです。対義語には「既遂」があります。既遂とは、すでに成し遂げていること、犯罪が完全に実現していることです。

【 横行 】 おうこう

例文 悪人が街を**横行**する。

解説 横行とは、悪事がしきりに行われることを言います。横行が入る言葉に「横行闊歩」があります。これは、ほしいままに振る舞うことを意味します。一般的には、悪人の振る舞いや態度に対して使われます。

【 偽装 】 ぎそう

例文 **偽装**結婚で国籍取得をもくろむ。

解説 偽装とは、事実を覆い隠すために、ほかの事柄や状況を装うこと、また周囲のものと似た色や形にして、見分けにくくすることを言います。軍事用語でカモフラージュを表すときは、「擬装」も使用されます。

【 恐喝 】 きょうかつ

例文 **恐喝**の疑いで警察に捕まる。

解説 恐喝とは、おどして金品をゆすり取ることを意味します。似た言葉に「脅迫」があります。これは目的を問わず、相手をおどし、威嚇する行為です。目的があり、ゆすり取る「恐喝」は犯罪です。

【 安否 】 あんぴ

例文 **安否**確認を取る。

解説 安否とは、無事かどうかということです。「安」には心配がない、「否」にはそうではない（反対の意味）といった意味があります。ひらがなの「あ」は「安」の草書が元です。

〖 震災 〗 しんさい

例文 **震災**に見舞われる。

解説 震災とは、地震による災害のことです。例えば、「関東大震災」や「阪神・淡路大震災」、「東日本大震災」などがあります。地震や台風、雷、洪水など自然現象によって起こる災難をまとめて「天災」と言います。

〖 台風 〗 たいふう

例文 午後から**台風**注意報が出るようだ。

解説 台風とは、熱帯の海上で発生した熱帯低気圧が発達し、北西太平洋で最大風速が17メートル以上になったものです。北西大西洋などで発生した熱帯低気圧が、最大風速が32.7メートル以上になるとハリケーンになります。

〖 暴風雨 〗 ぼうふうう

例文 **暴風雨**で三重塔が倒れた。

解説 暴風雨とは、激しい風を伴った雨のことで、台風や発達した低気圧によって起こります。似た言葉に「黒風白雨」があります。「黒風」は塵や埃を巻き上げる強い風、「白雨」はにわか雨のことです。

〖 落雷 〗 らくらい

例文 近所の公園に**落雷**があった。

解説 落雷とは、雷が落ちること。雷は雲の中で電気が発生し、プラスとマイナスの間に電流が流れたときに発生します。雲と地上の間で放電が発生すると、落雷になります。もくもくした積乱雲を見つけたときは要注意です。

【 壊滅 】 かいめつ

例文 あの地域は**壊滅**の一歩手前だ。

解説 壊滅とは、ダメになってしまうこと、組織などが総崩れになることを言います。壊滅を使った言葉に「壊滅的」があります。壊滅と同じような意味ですが、「的」とつくため、壊滅「しそうだ」と一歩手前の状態になります。

【 氾濫 】 はんらん

例文 河川が**氾濫**する。

解説 氾濫とは、川の水などが増して勢いよく溢れ出ることを言います。または、情報や事物があたりいっぱいに出回るという、あまり好ましくない状態のことも意味します。「氾」、「濫」ともに水が溢れ出る意味です。

【 決壊 】 けっかい

例文 ダムが**決壊**し、河川が氾濫したため、家が水浸しになった。

解説 決壊は、堤防などが崩れることを指します。「決」はえぐられて切れること、「壊」は壊れることを意味します。決壊は氾濫と異なり、あくまでも堤防やダムなどが崩れることであって、水が溢れることではありません。

【 浸水 】 しんすい

例文 大雨によって地下駐車場が**浸水**した。

解説 浸水とは、水に浸かること、水が入り込むことを意味します。特に、洪水や大雨で建物などの中に水が入り込むことを指します。似た言葉に「冠水（かんすい）」があります。これは、洪水などによって田畑や作物が水を被ることです。

【 豪雪 】 ごうせつ

例文 彼女の実家は**豪雪**地帯にある。

解説 豪雪は、異常に多い降雪のことを言います。また大雪注意報基準以上の雪で、災害が発生した大雪現象を指します。基本的には、豪雪の定義はなく、警報や注意報が発令されることもありません。

【 高潮 】 たかしお

例文 今日は台風だから、明日はきっと**高潮**だろう。

解説 高潮とは、台風が通過することで強風や気圧の変化が起こり、海水面が異常に高まる現象を言います。「こうちょう」と読むと、別の意味になります。高潮（こうちょう）とは、潮が満ちて、海面が最も高くなった状態を言います。

【 黄砂 】 こうさ

例文 朝から**黄砂**が舞っている。

解説 黄砂とは、中国北西部で、黄色の砂塵（さじん）が強風に舞い上げられて空を覆い、風に運ばれながら徐々に降下する現象を言います。黄砂はPM2.5と同じだと誤解されやすいですが、PM2.5は粒子状物質の総称で、汚染物質です。

【 空前 】 くうぜん

例文 あの映画は、**空前**の大ヒット作だ。

解説 今までに例をみないことを空前と言います。一般的には、規模の大ささを表すときに使用されます。空前を使った言葉に「空前絶後」があります。これは、過去にも例がなく、将来もありえないと思われることです。

福祉・医療・教育

福祉や医療、教育で使う言葉は生活に関係すること
が多いものです。よく目にする言葉だからこそ、正し
く読み書きできなければ恥ずかしい思いをします。

【 療養 】 りょうよう

例文 父は自宅で**療養**している。

解説 療養は、病気や怪我の手当てをして、体を休めて健康の回復をはかること
です。類語に「静養」があります。「静養」は心身を静かに休め、病気や疲
れを癒すこと、「療養」は治療回復に努めるという違いがあります。

【 介護 】 かいご

例文 **介護**施設にいる母に会いに行く。

解説 介護は、病人などを介抱し看護することです。似た言葉に「介助」があり
ます。介助とは、食事やトイレ、お風呂などの手助けをする行動を指しま
す。介護という大きなくくりの中のひとつに介助があります。

【 感染症 】 かんせんしょう

例文 **感染症**に罹らないように手洗い、うがいをしっかりする。

解説 感染症とは、病原体が体内に侵入、増殖して引き起こす病気のことです。イ
ンフルエンザ、マラリアといった伝染性のものと、肺炎などの非伝染性の
ものがあります。

【 熱中症 】 ねっちゅうしょう

例文 真夏の運動会で**熱中症**に罹る。

解説 熱中症は、暑い環境で起こる健康障害のことを言います。症状は、脱水、めまい、頭痛などが挙げられます。熱中症は総称で、Ⅰ〜Ⅲ度で分類されています。最も重症なⅢ度は熱射病です。

【 体脂肪 】 たいしぼう

例文 彼は**体脂肪**が増えて、見た目も変わってしまった。

解説 体脂肪とは、体内に蓄えられた脂肪のことです。体脂肪には、「皮下脂肪」や「内臓脂肪」などがあります。「皮下脂肪」は膠原繊維に脂肪細胞が集まっているもの、「内臓脂肪」は内臓の周囲についた脂肪のことです。

【 肥満 】 ひまん

例文 最近、食べ過ぎてしまい、**肥満**気味だ。

解説 体が普通以上に太ることを肥満と言います。日本肥満学会では、体重と身長から割り出される体格指数（BMI）が 25.0 以上を「肥満」と設定しています。肥満度が高いと病気のリスクも高まります。

【 献血 】 けんけつ

例文 **献血**をして少しでも様々な人の力になる。

解説 献血とは、病気や怪我で輸血が必要な人のために、自発的に無償で血液を提供することです。採血の種類によって、健康であること、16 〜 69 歳の男性で 45kg、女性で 40kg 以上など、献血できる人の条件があります。

〔 服用 〕 ふくよう

例文 お昼過ぎに薬を**服用**する。

解説 服用とは、薬を飲むことです。似た言葉に「服薬」があります。これは薬剤師指導のもと、正しく薬を飲むことです。「服用」は薬剤師指導のもと正しく薬を飲む場合、市販薬を飲む場合、どちらも使用可能です。

〔 過剰摂取 〕 かじょうせっしゅ

例文 薬を**過剰摂取**して倒れる。

解説 過剰摂取とは、必要な程度や数量を越えて多い量を摂取することを言います。過剰の類語には「過多」があります。過多は、多すぎることを意味します。「過多」よりも「過剰」の方が多い量を指します。

〔 漢方薬 〕 かんぽうやく

例文 **漢方薬**を飲んで、不調を整える。

解説 漢方薬は、中国から伝わった医術の漢方で用いる薬のことです。漢方薬は、主に樹皮や草の根、葉などからつくられています。「漢方医学」とお灸などで刺激する「鍼灸医学」を合わせて「東洋医学」と呼んでいます。

〔 危篤 〕 きとく

例文 祖母が**危篤**で心配だ。

解説 危篤とは、病気が非常に重く、今にも死にそうなことです。類語に「重体」があります。重体は病気や負傷の程度がひどく、生命に危険があることです。主に「重体」は事故などによる怪我、「危篤」は病気に使われます。

【 喘息 】 ぜんそく

例文 娘の**喘息**がひどく、空気のよい地域に引っ越す。

解説 喘息は、息を吐き出すのが困難で、喘鳴（ぜいぜい、ひゅうひゅうという 呼吸音）を伴う発作性の呼吸困難を主とした症候群のことを言います。気管支喘息はアレルギー、心臓喘息は心臓病など、喘息にも種類があります。

【 高齢化 】 こうれいか

例文 **高齢化**が年々進んでいる。

解説 高齢化とは、年老いていること、また集団をある年齢層で区切ったときに、その中で年長層が多いことです。総務省統計局によると、日本の 65 歳以上（高齢者）の人口は 2020 年 9 月 15 日時点で 3617 万人いるそうです。

【 待機児童 】 たいきじどう

例文 **待機児童**がゼロになることは難しい。

解説 待機児童とは、認可保育所への条件を満たしているものの、施設不足などの理由で入所できないでいる子どものことを言います。厚生労働省の 2020 年 4 月の調査では、待機児童は全国に 1 万 2439 人いるようです。

【 生涯学習 】 しょうがいがくしゅう

例文 **生涯学習**を通して、道徳を学ぶ。

解説 生涯学習は、人々が生涯にわたって主体的に継続して行う学習のことを言います。1990 年に生涯学習振興法が制定されました。学校教育に限らず、図書館の利用などの社会教育や習い事なども生涯学習です。

環境・衛生

環境は周囲の状態や世界、衛生は健康を保ち、病気の予防、治癒をはかることです。生きる上で環境や衛生は切り離せないため、改めて意味を確認しましょう。

【 汚染 】 おせん

例文 大気**汚染**が問題になる。

解説 汚染とは、汚れることです。特に、細菌やガス、放射性物質などの有毒成分、塵などで汚れることを指します。化学物質などで汚れた土は「汚染土」、水は「汚染水」と言います。

【 枯渇 】 こかつ

例文 貯水池が**枯渇**する。

解説 枯渇は、水がかれること、またかわいて水分がなくなることを言います。ほかにも、「資源が枯渇する」など、物が尽きてなくなることも意味します。「枯」と「渇」ともに、水がかわくことです。

【 土壌 】 どじょう

例文 豊かな**土壌**では植物がよく育つ。

解説 土壌とは、地球上の陸地の表面を覆っている鉱物や有機物などの混合物のことを言います。地表からの深さ約1～2メートルを指します。または、ものを発生、発展させる基盤としても使用することがあります。

【 酸性雨 】 さんせいう

例文 **酸性雨**にあっても、髪が緑色になることはない。

解説 酸性雨は、大気中の二酸化硫黄や窒素酸化物が溶け込んでいる、酸性度の
強い雨のことを指します。これは人間が大気を汚染させたため、汚染物質
が雨になって地上に落ちている現象です。

【 放射線 】 ほうしゃせん

例文 **放射線**を浴びて病気になる。

解説 放射線とは、色々な物を通りぬける、物の性質や状態を変えるといった性
質を持っているものを指します。放射線は、人の目には見えない小さな光
の粒で、人体に影響を与えます。

【 廃炉 】 はいろ

例文 **廃炉**によって発生する廃棄物が問題になる。

解説 廃炉は、廃止された炉のことです。また、原子炉の機能を永久に停止させ
ることを言います。2019年3月のデータによると、日本の廃炉は24基あ
ります。廃炉が決定されると、数年かけて解体作業を行います。

【 地熱 】 ちねつ

例文 **地熱**を利用して卵を茹でる。

解説 地熱は、地下の岩石中に保有されている熱のことを言います。この熱は、放
射性物質の崩壊によって発生することが多いです。この地熱を利用して、発
電する方法を「地熱発電」と言います。

〘 旱魃 〙 かんばつ

例文 **旱魃**で野菜の値段が上がる。

解説 旱魃とは、農作物に必要な雨が長い間降らないことです。類語は「日照り」や「渇水」です。「旱」は雨が降らずカラカラにかわくこと、「魃」は日照りを意味します。

〘 産業廃棄物 〙 さんぎょうはいきぶつ

例文 **産業廃棄物**を正しく処理する。

解説 産業廃棄物は、工場など事業活動に伴って生じた廃棄物のことを指します。例えば、廃油や廃プラスチック、ゴムくずなどがあります。法律で専門の事業者が処理することを義務づけられています。

〘 捕鯨船 〙 ほげいせん

例文 **捕鯨船**に乗って鯨漁をする。

解説 捕鯨船とは、鯨を捕る漁船を意味します。この船には、長い綱をつけた銛を発射する捕鯨砲が設置されています。9世紀にはじめて、ノルウェーやフランス、スペインが捕鯨を開始しました。

〘 循環 〙 じゅんかん

例文 血液が**循環**する。

解説 循環とは、血液やリンパが体内をめぐることです。またひとめぐりして、もとへ戻ることをくり返すことも言います。「循」にはあちこちとめぐること、「環」にはぐるりと回ることといった意味があります。

【 還元 】 かんげん

例文 **還元**水を飲んで健康に気を使う。

解説 還元は、物事をもとの形や性質、状態などに戻すことを言います。また、酸素の化合物から酸素を奪うことなどの意味も持ちます。化学の分野だけでなく、ビジネスシーンでも使う言葉です。

【 代替 】 だいたい

例文 ビニール袋を紙バックで**代替**する。

解説 代替は、それに見合うほかのもので代えることです。「だいがえ」とも読みます。代替は、「代替品」や「代替案」のように、ほかの言葉と組み合わせて使われることが多いです。

【 煮沸 】 しゃふつ

例文 ガラス瓶を**煮沸**消毒する。

解説 煮沸とは、水などを火にかけて煮立たせることを言います。煮沸は「煮沸消毒」のように使用されることが多い言葉です。煮沸消毒をすると、長期保存時に容器についている細菌を減らすことができます。

【 溶解 】 ようかい

例文 **溶解**して鉄をくっつける。

解説 溶解とは、溶けること、溶かすことを言います。特に、気体や液体、固体がほかの液体または固体と混合して均一な状態になることです。基本的には、物質が液体に溶けて溶液になることを言います。

科学・情報・技術

科学の語源はラテン語の scientia（知識）です。科学や情報、技術で使う言葉はあらゆるシーンで見られます。だからこそ、正しく使いたいものです。

〖検索〗 けんさく

例文 図書館の蔵書**検索**を使って、必要な文献を探す。

解説 検索とは、調べて探し出すことを言います。特に、文献やデータベース、インターネットなどの中から必要な情報を探すことを指します。「検」には調べる、「索」には手づるによって探し求めるという意味があります。

〖転送〗 てんそう

例文 メールを**転送**する。

解説 転送とは、送られてきたものをほかへ送ることです。また情報をほかのところへ送ることも言います。「転」には場所を変える、「送」にはおくりとどけるという意味があります。類語には「回送」が挙げられます。

〖解凍〗 かいとう

例文 仕事用のファイルを**解凍**する。

解説 解凍とは、凍結しているものを解かすことを言います。また、コンピューターで、圧縮して容量を小さくしたファイルを元の形式に戻すことも意味します。この元に戻すソフトのことを「解凍ソフト」と言います。

【 漏洩 】 ろうえい

例文 会社の情報**漏洩**が危惧される。

解説 漏洩は、水・光などがもれることです。また秘密などがもれることも言います。ビジネスシーンでは「情報漏洩」など、重要な言葉と一緒に使われます。あまりよい言葉ではありませんので、注意しましょう。

【 改竄 】 かいざん

例文 重要文書を**改竄**する。

解説 改竄とは、文書などの字句を直すことです。特に、悪用するために勝手に直すことを指します。竄は「穴」と「鼠」に分けられます。ネズミが巣穴に入ることを表しており、「のがれる」などの意味はここからきています。

【 誤作動 】 ごさどう

例文 機械が**誤作動**し、緊急ボタンが押された。

解説 誤作動とは、機械類が正しく作動しないことです。「誤動作」とも言います。「誤動作」は、機械が動いているときに誤った動きが起こること、「誤作動」は機械が動いていないときに誤った動きが起こることです。

【 拡張子 】 かくちょうし

例文 **拡張子**を変更して、word を PDF に直す。

解説 拡張子とは、コンピューターのストレージ（外部記憶装置）に記録されたファイル名のうち、「.」で区切られた右側の部分を指します。例えば、「〇〇.docx」の場合は「docx」が拡張子と言えます。

遠隔　えんかく

例文　**遠隔**操作でパソコンの電源を入れる。

解説　遠隔とは、遠く離れていることを意味します。遠隔を使用した言葉に「遠隔操作」があります。これは、離れた場所にある機械や装置を間接的に運転したり、制御したりすることです。

汎用性　はんようせい

例文　あの電話は**汎用性**が高い。

解説　汎用性とは、色々な方面に広く用いられることを意味します。汎用性は、対象の性質を指しているため、汎用性が「ある」「ない」または「高い」「低い」と使います。「ぼんようせい」と読まないように注意しましょう。

画素数　がそすう

例文　**画素数**が多いカメラを購入する。

解説　画素数は、画素（小さな点）の総数です。例えば、デジタルカメラに「5000万画素」と書いてある場合、そのカメラで撮った写真を拡大すると小さな点が 5000 万個あります。画素数が大きいほど、細かいところまで写せます。

脆弱性　ぜいじゃくせい

例文　**脆弱性**を克服した新製品をつくる。

解説　脆弱性とは、コンピューターネットワークにおける安全上の欠陥を意味します。脆弱性が残された状態のパソコンを使用していると、不正アクセスされたり、ウイルスに感染したりする危険性があります。

【閲覧】 えつらん

例文 図書館の**閲覧**禁止区域に入る。

解説 閲覧とは、書物や新聞、書類またはウェブページなどの内容を調べながら読むことを言います。「閲」は調べる、「覧」はよく見るといった意味があり、二語が合わさることで調べながらよく見るという意味になります。

【検出】 けんしゅつ

例文 毒物を**検出**する。

解説 検出は、微量成分などを検査して見つけ出すことです。似た言葉に「検知」があります。これは、物質や故障などの有無を知ることです。「検知」はただ有無を知ること、「検出」は調べて見つけ出すという違いがあります。

【配信】 はいしん

例文 **配信**サイトで音楽を購入する。

解説 配信とは、放送局や新聞社などが情報やニュースを支社やほかのマスコミ機関などに配送することです。また、インターネットを利用して、企業や個人が動画や音楽、情報などを送信することも言います。

【海賊版】 かいぞくばん

例文 日本の人気漫画の**海賊版**が中国で販売されている。

解説 海賊版とは、著作物を著者や出版社の許可を得ずに複製したものを言います。レコードやCD、DVDなどは「海賊盤」と書きます。英語で海賊版は「pirated edition」、海賊盤は「bootleg（密造酒の意）」と言います。

【 端末 】 たんまつ

例文 タブレット**端末**を操作する。

解説 端末とは、端や終わり、または「端末装置」の略称です。端末装置とは、インターネットなどのコンピューターネットワークを通じて、ホストコンピューターとデータのやり取りをする装置や機器のことです。

【 無線 】 むせん

例文 **無線**電話で兄と話す。

解説 無線とは、電線を架設しないことです。また「無線電信」や「無線電話」の略称です。「無線電信」は電線を使用せず、電波を利用して行う通信です。「無線電話」も電線を使用せず、電波を利用した電話のことです。

【 国際規格 】 こくさいきかく

例文 **国際規格**のひとつであるカードのサイズは、モノ規格と言われている。

解説 国際規格は、国際的な取り決めによって設立された国際標準化団体が制定し、全世界で適用される規格のことです。その中にはISO規格などがあります。ISO規格のひとつに、例えば非常口のマークが挙げられます。

【 純正 】 じゅんせい

例文 **純正**品を購入する。

解説 純正とは、本来のものであることを意味します。そのため、「純正品」と「品」がつく場合は、製品のメーカーが、自社製品向けに製造や販売している関連製品のことを指します。純正品には、動作保証がされています。

① 著作権シンガイに気をつけて、フリー素材を使う。

（　　　　　　　　　）

② 彼らは、いつの間にかワカイしていた。

（　　　　　　　　　）

③ カンゲン水を飲んで健康に気を使う。

（　　　　　　　　　）

④ ケンケツをして少しでも人の力になる。

（　　　　　　　　　）

⑤ コウセイネンキンに加入する。

（　　　　　　　　　）

⑥ 彼は犯罪ミスイで何度も刑を逃れている。

（　　　　　　　　　）

⑦ ビニール袋を紙バックでダイタイする。

（　　　　　　　　　）

⑧ あの映画は、クウゼンの大ヒット作だ。

（　　　　　　　　　）

⑨ ジコウ成立前日、強盗容疑者を起訴した。

（　　　　　　　　　）

⑩ 血液がジュンカンする。

（　　　　　　　　　）

❶ 会社の情報漏洩が危惧される。

(　　　　　　　　　　)

❷ 旱魃で野菜の値段が上がる。

(　　　　　　　　　　)

❸ 彼の権利を剥奪する。

(　　　　　　　　　　)

❹ 再審でようやく冤罪だと認められた。

(　　　　　　　　　　)

❺ 人もモノも脆弱性が必ずある。

(　　　　　　　　　　)

❻ 悪人が街を横行する。

(　　　　　　　　　　)

❼ 河川が氾濫する。

(　　　　　　　　　　)

❽ あの電話は汎用性が高い。

(　　　　　　　　　　)

❾ 重要文書を改竄する。

(　　　　　　　　　　)

❿ ガラス瓶を煮沸消毒する。

(　　　　　　　　　　)

第3章の解答

 書き問題

Q **読み問題**

① 侵害

② 和解

③ 還元

④ 献血

⑤ 厚生年金

⑥ 未遂

⑦ 代替

⑧ 空前

⑨ 時効

⑩ 循環

❶ ロウエイ

❷ カンバツ

❸ ハクダツ

❹ エンザイ

❺ ゼイジャクセイ

❻ オウコウ

❼ ハンラン

❽ ハンヨウセイ

❾ カイザン

❿ シャフツ

第 **4** 章

教養として身につけたい漢字 「文化・自然」

本章では、文化や自然についての漢字を紹介します。教養として押さえたい漢字に加えて、使いこなせれば周りから一目置かれるような、知的な表現も身につけましょう。

歳時

歳時とは、1年の四季折々のことです。ビジネスシーンで使いこなせば一目置かれるような、季節ごとの行事や気候などを表す漢字を選びました。

【 元旦 】 がんたん

例文 **元旦**に初日の出を見るために早起きする。

解説 1年の最初の日である1月1日の朝を元旦と言います。年賀状に書かれていることも多い言葉です。似た言葉に「元日」があります。これは朝だけではなく、1月1日中を指します。

【 年賀状 】 ねんがじょう

例文 得意先の会社に**年賀状**を送る。

解説 年賀状とは、新年を祝う言葉や昨年のお礼を書いた、郵便はがきやカードなどの挨拶状のことです。お正月に届くように、前年の12月下旬までに投函します。「年賀」とは新年のお祝いの意味です。

【 初詣 】 はつもうで

例文 家族そろって神社へ**初詣**に行く。

解説 「初詣で」と送り仮名をつけて書く場合もあります。「詣でる」とは参拝するという意味で、年が明けてから初めて神社や寺へお参りに行くことを、初詣と言います。新しい1年の健康や幸運を祈願することが一般的です。

【 春暖 】 しゅんだん

例文 **春暖**の候、いかがお過ごしでしょうか。

解説 寒い冬が過ぎたあとの、穏やかで心地よい春の気候を春暖と言います。3月から4月頃の暖かくなってきた気候を指して使います。例文のように「〜の候」といった形で、手紙などでもよく使われている言葉です。

【 菖蒲湯 】 しょうぶゆ

例文 子どもの日には柏餅を食べて、**菖蒲湯**に入った。

解説 「菖蒲」とは、池や川などの水辺に生える多年草です。5月5日の端午の節句に、菖蒲の葉や根などを浴槽に入れた風呂に浸かる風習があり、これを菖蒲湯と呼びます。邪気払いや厄払いになるとされています。

【 衣替え 】 ころもがえ

例文 暑くなってきたので、春物のスーツに**衣替え**をした。

解説 衣替えとは、季節の移り変わりに合わせて、着る服を気候に適した装いに切り替えることです。冬物の服をしまい、半袖の服を着始めるときなどに使います。「替」を「変」「代」と書き間違えないようにしましょう。

【 夏至 】 げし

例文 今年の**夏至**の日は梅雨の真っ只中だった。

解説 夏至とは、北半球で、夜が最も短く昼が最も長くなる日のことです。反対に南半球では、昼が最も短く、夜が最も長くなります。毎年おおよそ6月21日頃にあたります。真夏の一番暑い日というわけではありません。

《 七夕 》 たなばた

例文 **七夕**の飾りつけのために竹を用意する。

解説 七夕は、7月7日の行事で、五節句と呼ばれる節目の日のひとつです。短冊に願い事を書いて竹に吊るす風習や、織姫と彦星の伝説がよく知られています。今では夏のイベントのイメージですが、実は秋の季語です。

《 浴衣 》 ゆかた

例文 **浴衣**を着て夏祭りに出かける。

解説 浴衣は、夏の普段着、もしくは入浴後に着るための薄手の着物で、夏の季語でもあります。現代では夏祭りなどのときに着る人が多いですが、温泉宿などでは風呂上りに着用する服として用意されていることがあります。

《 帰省 》 きせい

例文 盆と正月には、田舎の実家に**帰省**している。

解説 帰省とは、生まれ育った故郷を離れて生活している人が、一時的に故郷に帰ることです。「きしょう」ではないので気をつけましょう。正月やお盆に都会から地方へ帰省する人が増えることを、「帰省ラッシュ」と言います。

《 残暑 》 ざんしょ

例文 **残暑**お見舞い申し上げます。

解説 立秋を過ぎても残っている暑さが残暑です。立秋は8月8日頃なので、そのあとも大体は暑い日が続きます。この時期に送る安否を尋ねる手紙を「残暑見舞い」と言い、立秋より前は「暑中見舞い」と呼びます。

【 十六夜 】 いざよい

例文 **十六夜**の月がきれいに見える。

解説 十六夜は、陰暦 8 月 16 日の夜、またはその夜に出る月を意味します。「い
ざよう」にはためらう意味があり、十五夜（陰暦 8 月 15 日）の満月より
遅れて出る月なのでこのように呼ばれます。「じゅうろくや」とも読みます。

【 野分 】 のわき

例文 **野分**の風が吹いて、肌寒く感じた。

解説 野分とは、野を分けるように強く吹く風を意味し、秋から初冬にかけて吹
く暴風のことを指します。昔は、台風のことも含めて、秋に吹く強い風は
すべて「野分」と呼ばれていました。「のわけ」とも言います。

【 秋麗 】 しゅうれい

例文 **秋麗**の候、ますますご清栄のこととお慶び申し上げます。

解説 秋麗とは、春のように晴れやかで穏やかな、秋の気候を表します。「〜の
候」という形で、残暑が過ぎた 10 月頃の時候のあいさつとして、手紙や
メールなどで使われることが多い言葉です。「あきうらら」とも読みます。

【 焚火 】 たきび

例文 **焚火**を囲んで語り合う。

解説 屋外で落ち葉や枯れ枝などを集めて燃やすことを焚き火と言います。「焚
く」とは、燃料を火にくべて燃やすという意味です。似た意味の言葉とし
て、春の初めに野原の枯れ草などを燃やすことを表す「野火」があります。

【 炬燵 】 こたつ

例文　寒くなってきたので**炬燵**を出した。

解説　炬燵は冬によく使われる暖房器具で、「炬燵やぐら」と呼ばれる四角い枠で
　　　熱源をおおって、上から布団をかぶせたものです。掘り炬燵、切り炬燵、置
　　　き炬燵、電気炬燵などの種類があります。「火燵」とも書きます。

【 冬至 】 とうじ

例文　**冬至**が近づいてきて、すっかり日が短くなった。

解説　冬至とは、12月22日頃に、北半球では1年で最も昼が短くなり、夜が最
　　　も長くなる日です。同じ日に南半球では、昼が長くなり夜が短くなります。
　　　地域によって、柚子湯に入ったりカボチャを食べたりする風習があります。

【 歳暮 】 せいぼ

例文　お世話になっている取引先にお**歳暮**を贈る。

解説　歳暮は年の暮れを表す言葉で、「年末」「歳末」と同じ意味です。「さいぼ」
　　　と読むこともあります。また、1年の終わりに、その年にお世話になった
　　　人などに贈り物をすることを「お歳暮」と言います。

【 師走 】 しわす

例文　**師走**に入り、何かと慌ただしい時期だ。

解説　師走は、陰暦12月の異名で、現在でも12月のことを指して使われます。
　　　「師走の候」という形で、ビジネスの手紙やメールでも年末によく見かける
　　　表現です。ほかにも、12月の異名には、「極月」「臘月」があります。

冠婚葬祭

「冠」は元服や成人式、「婚」は結婚式、「葬」はお葬式、「祭」は先祖の祭りを表します。普段あまり見ない難しい漢字が多いので気をつけましょう。

慶弔　けいちょう

例文　**慶弔**休暇を取得して実家へ帰る。

解説　慶弔は、結婚や出産などの喜ばしいことと、葬式などの悲しいことを合わせた言葉です。「慶」は祝い事、「弔」は死を悼むことを意味します。反対の意味の字を組み合わせた熟語には、「吉凶」「禍福」などもあります。

参詣　さんけい

例文　元日の神社には**参詣**人が列をつくっている。

解説　神社や寺に行って、お参りをすることを参詣と言います。類語に「参拝」という言い方もあります。「詣」には、お参りの意味のほかに「高い領域に行きつく」という意味もあり、「造詣」などの熟語で使われます。

還暦　かんれき

例文　父に**還暦**祝いのプレゼントを贈る。

解説　還暦は、数え年で 61 歳のことを指します。生まれた年からちょうど 60 年で干支が一周して、暦が生まれた年に還ることからこのように言われます。赤い帽子とちゃんちゃんこを着てお祝いする風習があります。

【 喜寿 】 きじゅ

例文 祖父が**喜寿**を迎えたのでお祝いの食事をした。

解説 喜寿は、数え年で77歳のお祝いのことです。「喜」の字を草書体で書くと「七」を3つ重ねた形になり、「七十七」に見えることが由来です。数え年で88歳を「米寿」、90歳を「卒寿」、99歳を「白寿」と言います。

【 熨斗 】 のし

例文 贈り物の包みに**熨斗**紙をつける。

解説 熨斗とは、お祝いの贈り物に添える飾りのことです。色紙を細い六角形に折りたたみ、内側に黄色い紙を入れます。元はアワビを長く伸ばして干したもの（熨斗鮑）を使っていましたが、簡略化して今の形になりました。

【 祝儀 】 しゅうぎ

例文 親友の結婚式にご**祝儀**を包む。

解説 祝儀とは、お祝いの儀式、多くは結婚式のことを意味します。また、お祝いの気持ちを込めて贈るお金や品物のことも指します。「しゅくぎ」とは読みません。祝儀を入れる袋を「ご祝儀袋」などと言います。

【 白無垢 】 しろむく

例文 **白無垢**の花嫁衣裳で前撮りをする。

解説 表と裏が無地で白1色の布で仕立てた着物のことを白無垢と言います。特に、和風の結婚式で新婦用の衣裳として着用されています。「無垢」とは、心にけがれがなく純真であることを指します。

【仲人】 なこうど

例文 披露宴では**仲人**が二人の馴れ初めを紹介した。

解説 仲人とは、人と人の間に立って橋渡しをする人のことです。多くは、結婚する男女の仲を取り持つ人のことを意味します。「月下氷人」とも言い、これは中国の故事から縁結びの神様二人の名前を掛け合わせた言葉です。

【大安】 たいあん

例文 **大安**の日を選んで結婚式の日取りを決める。

解説 「六曜」と呼ばれる、吉凶を決める基準になる6種類の日のうち、最もよい日が大安です。結婚式や旅行など、何をするにも縁起がよい日とされています。反対に、何事も縁起が悪い日とされているのが「仏滅」です。

【祝詞】 のりと

例文 神の前で**祝詞**をあげる。

解説 祝詞とは、儀式などで神をまつり、神に祈るために唱える、古い文体の言葉のことです。「ほぎごと」と読むこともあり、その場合は単に「祝いの言葉」という意味です。どちらの意味でも「しゅくし」とも読みます。

【通夜】 つや

例文 お**通夜**に参列し、故人にお別れをする。

解説 通夜とは、葬式の前に亡くなった人の家族や知人が集まり、遺体を見守りながら一夜を過ごす儀式です。現代では、亡くなった当日の夜に親族だけで行うものを「仮通夜」と呼ぶこともあります。「つうや」とも読みます。

【喪主】 もしゅ

例文 故人の配偶者が**喪主**を務めた。

解説 喪主とは、遺族の代表として葬式を執り行う人のことで、一家の主人にあたる人がその役割を担うのが一般的です。ただし、故人の遺言などで縁の深い人が喪主に指名されることもあります。「そうしゅ」とも読みます。

【法要】 ほうよう

例文 お坊さんを呼んで**法要**を執り行う。

解説 亡くなった人の冥福を祈るため、親族や知人が集まって行う仏教の儀式のことを法要と言います。似た意味の言葉に「法事」「法会」があります。儀式の種類によって、「追善法要」「年忌法要」などと言います。

【弔問】 ちょうもん

例文 知り合いの家に**弔問**する。

解説 弔問とは、亡くなった人へのお悔やみを述べるために、遺族を訪問するという意味です。弔問に訪れたお客さんのことを「弔問客」と言います。似た言葉に「弔慰」があり、故人を悼み遺族を慰めるという意味です。

【哀悼】 あいとう

例文 謹んで**哀悼**の意を表します。

解説 哀悼とは、人の死を悲しみ、悼む気持ちを意味します。例文のような形で、葬式の弔電などでよく使われます。「哀」は、「あわれむ」「悲しむ」という意味があり、「哀惜」なども人の死を悲しむときに使います。

〖 数珠 〗 じゅず

例文 **数珠**を手にかけてお経を唱える。

解説 数珠は、仏や菩薩などを拝むときに手にかけて使う道具で、小さい玉が糸でつながれて輪の形になっています。「数珠つなぎ」とは、多くの物や人をひとつにつなぐことの比喩です。「ずず」とも読みます。

〖 香典 〗 こうでん

例文 葬式に**香典**を持参する。

解説 香典とは、通夜や葬式のときに、亡くなった人の霊前に供えるお金のことです。「香料」とも言います。「香」の字は、お線香や花の代わりであることを表します。香典のお礼として贈る品物を「香典返し」と呼びます。

〖 新嘗祭 〗 にいなめさい

例文 勤労感謝の日には、全国の神社で**新嘗祭**が催される。

解説 新嘗祭とは、天皇が新米を神に供え、自分もその米を食べて、収穫を感謝する祭りです。昔は陰暦11月の卯の日に行われ、今は「勤労感謝の日」として国民の祝日になっています。「しんじょうさい」とも読みます。

〖 讃美歌 〗 さんびか

例文 チャペル挙式では参列者が一緒に**讃美歌**を歌う。

解説 讃美歌とは、キリスト教の礼拝や集会で歌われる、神を讃えて信仰を励ます歌のことです。「讃美」とは、褒め称えることを意味します。「賛美歌」とも書きます。また、似た意味で「聖歌」と言うこともあります。

衣食住

衣食住は、衣服と食事と住居をまとめた言葉で、暮らしの基礎のことです。日本の伝統的な言葉から、現代の日常生活に深く関わるものまで紹介します。

【 正装 】 せいそう

例文 当日は、**正装**でお越しください。

解説 正装とは、儀式に出席したり、かしこまった場に行ったりするときに着る、正式な服装です。場の格式や文化の違いによって、様々なルールがあります。同じ読み方の「盛装」は、華やかに着飾ることを言います。

【 喪服 】 もふく

例文 **喪服**を着て、お葬式に出席する。

解説 喪服とは、喪中や葬式、法事の際に、亡くなった人の死を悼むことを示すために着る服です。昔の日本では白い布を用いた服でしたが、現代では黒または薄墨色（薄いグレー）が一般的です。「そうふく」とも読みます。

【 正絹 】 しょうけん

例文 晴れの日に着る、**正絹**の着物を買った。

解説 正絹とは、絹だけでできた糸や、その糸で織られた布のことを指します。「純絹」や「本絹」とも言います。「絹」は音読みで「けん」と読み、人工的に絹に似せてつくった糸や布を「人絹」「人造絹糸」などと言います。

【 木綿 】 もめん

例文 **木綿**のパジャマは着心地がよい。

解説 ワタの種子についている繊維を採って加工したものや、その素材でできた
糸や布を木綿と言います。いわゆる、コットンや綿と呼ばれる素材です。あ
たたかく吸湿性に優れているので、服や肌着などによく使われます。

【 合繊 】 ごうせん

例文 この鞄は**合繊**を使っているので軽くて持ち運びやすい。

解説 合繊は「合成繊維」の略称で、化学的に合成してつくった素材のことです。
よく見かける合繊として、ナイロン、アクリル、ポリエステルなどの種類
があります。似た意味の「化繊」は、「化学繊維」の略称です。

【 牛蒡 】 ごぼう

例文 金平（きんぴら）**牛蒡**は得意料理です。

解説 野菜のゴボウは、漢字で牛蒡と書きます。「蒡」はゴボウに似た草で、「牛」
とつくと大きな蒡という意味になります。「牛蒡抜き」は、ひとつずつ勢いよ
く引き抜くことや競走などで数人を一気に追い抜くことを表す慣用句です。

【 茄子 】 なす

例文 夕食に**茄子**の漬物を添える。

解説 茄子は、野菜のナスのことを表す漢字です。一文字で「茄」と書く場合も
あります。同じナス科の植物であるトマトも、「蕃茄（ばんか）」や「赤茄子」といっ
た茄の字を含む別名で呼ばれることもあります。

133

【 鰻 】 うなぎ

例文 土用の丑の日には**鰻**を食べる慣習がある。

解説 鰻は、かば焼きに調理して食べられることが多い魚です。「鰻上り」という慣用句でも使われ、鰻が川をのぼるように物価や温度、評価などがどんどん上がることを指します。

【 雲丹 】 うに

例文 寿司屋で**雲丹**の軍艦巻きを食べる。

解説 雲丹はいがぐりのような殻で覆われた海洋生物で、生食したり、加工して食べたりします。「雲丹」は食用に加工されたものを表す漢字で、生き物としてのウニは「海胆」と書きます。文脈によって使い分けましょう。

【 小豆 】 あずき

例文 **小豆**を甘く煮て、あんこをつくる。

解説 小豆は、中国から伝わり、日本各地で栽培されてきた植物です。暗い赤色の種子を調理して和菓子などに使います。小豆を使った料理には、「善哉」や「どら焼き」などがあります。読み方に注意しましょう。

【 木耳 】 きくらげ

例文 野菜炒めに**木耳**を加える。

解説 木耳は、桑やニワトコなどの枯れ木に集まって生えるキノコの名前です。特に中華料理でよく使われます。調理前の形が人の耳に似ていることから、このように呼ばれるようになりました。「きのみみ」とも読みます。

【襖】 ふすま

例文 寒いと思ったら、**襖**が少し開いていた。

解説 襖とは、家や建物の中で部屋を分けたり、雨や風が入ってくるのを防いだりする、開け閉めできる仕切りの一種です。木でつくられた骨組みに、両面から紙や布を張ります。「襖 障 子」という言い方もあります。

【畳】 たたみ

例文 **畳**の上に布団を敷いて寝る。

解説 畳は、和室の床の上に敷く日本独特の敷物です。わらを重ねて麻糸で締め、いぐさの茎を織ったものを表面につけてつくります。畳の数は、「4畳」「6畳」と数えます。畳を敷き詰めた部屋を「座敷」と言います。

【硝子】 がらす

例文 あの人は**硝子**のように繊細な性格をしている。

解説 硝子は、窓や食器に使われる素材で、もろく壊れやすいことのたとえにも使われます。「硝子張り」と言うと、窓や壁に硝子がはめ込まれているという意味だけでなく、中身がよく見えて隠し立てがないことを表します。

【囲炉裏】 いろり

例文 **囲炉裏**に火を起こして鍋をかける。

解説 囲炉裏とは、古い民家などにある、室内の床の一部を四角く切り抜いて火を焚くようにした場所のことです。周りに座って暖まることができ、火の上に鉄鍋などをかけて煮込み料理などができる炉になっています。

地理・気候

地理や気候についての言葉は、ニュースや天気予報などでもよく目にするかもしれません。海や陸、山や川、天気の移り変わりを表す言葉を集めました。

〔 濃霧 〕 のうむ

例文 濃霧で前が見えない中、運転するのは危ない。

解説 濃霧とは、前が見えないくらい濃く立ち込めた霧のことです。「霧」は音読みで「む」と読み、「霧散」「煙霧」「五里霧中」などの熟語でも使います。和歌では、霧とは秋のものを指し、春に立つものは「霞」と呼びます。

〔 波浪 〕 はろう

例文 波浪警報が発令されたら海岸に近づいてはいけない。

解説 波浪とは、水面に起こる波のことで、「風浪（風が吹いて起こる波）」や「磯波（海岸に打ち寄せる波）」などを総称した言い方です。「浪」は大きい波を表し、「波浪」は大波小波という意味になります。

〔 五月雨 〕 さみだれ

例文 五月雨の季節は、洗濯物を外に干せないので困る。

解説 五月雨とは、陰暦では5月にあたる現在の6月頃に、長く降り続ける雨を指します。つまり、「梅雨」のことです。「さつきあめ」とも読みます。断続的にだらだらと物事が続くことをたとえて「五月雨式」と言います。

【 時雨 】 しぐれ

例文 夕方に**時雨**が降り、少し肌寒くなった。

解説 時雨とは、秋の終わりから冬の初めにかけて、時々パラパラと降る小降り
の雨のことです。短時間で上がったり、また降ったりします。また、牛肉
やハマグリにショウガを加えて佃煮にしたものを「時雨煮」と呼びます。

【 乾季 】 かんき

例文 東南アジアへ旅行に行くなら**乾季**がいい。

解説 乾季とは、亜熱帯・熱帯地方で、1年のうち特に雨が少ない季節のことで
す。「乾期」とも書きます。反対に、雨の多い季節や時期を「雨季」「雨期」
と言います。季節風気候では冬、地中海性気候では夏が乾季になります。

【 降雪 】 こうせつ

例文 この日、1日の**降雪**量が1メートルを超えた。

解説 降雪とは雪が降ること、降り積もった雪のことです。類語の「積雪」とあ
わせて、天気予報でよく出てくる言葉です。「降雪量」はある時間の間に降
った雪の量、「積雪量」はある時点で積もった雪の量を表します。

【 濁流 】 だくりゅう

例文 昨日の大雨で散った葉が、**濁流**に流されていく。

解説 濁流とは、にごった水の激しい流れを指します。大雨が降ったあとなどに
川の水が泥でにごって、水量が増し、流れが速くなった様子を呼びます。対
義語は「清流」と言い、きれいに透き通った水の流れのことです。

〖 潮汐 〗 ちょうせき

例文 **潮汐**の観測データを見る。

解説 潮汐とは、月や太陽の引力の影響で周期的に起こる、海面の水位が上がっ
たり下がったりする現象です。「潮の満ち引き」「干満」のようにも言いま
す。「潮」は満潮や朝の潮、「汐」は干潮や夕方の潮を表します。

〖 雪崩 〗 なだれ

例文 気温が上がってきたら、**雪崩**に注意する。

解説 山の斜面に積もった大量の雪が、急に崩れ落ちていくことを雪崩と言いま
す。また、雪崩の様子にたとえて、大勢の人や多量の物が一度にどっと入
り込むことを、「雪崩れ込む」と表します。

〖 噴火 〗 ふんか

例文 彼は怒りを我慢して、今にも**噴火**しそうな火山のようだ。

解説 噴火とは、火山が爆発して、火口から溶岩、火山弾、火山灰、火山ガスな
どが噴き出すという意味です。「噴」の部首は「口」なので、間違えて「墳
火」「憤火」などと書かないようにしましょう。

〖 地盤 〗 じばん

例文 十分に組織の**地盤**を固めてから新施策に着手した。

解説 地盤とは、地面の表層部分のことです。または、建物を支える土台を指し
ます。そこから、何か活動をするときに、それを支える足場として設けら
れた根拠地や、その勢力範囲を意味することもあります。

【 堆積 】 たいせき

例文 砂や泥が**堆積**して、縞模様のような層になっている。

解説 何重にも高く積み重なることを堆積と言います。特に、砂や泥、動物の遺骸などが、地面や水底に留まり積み重なることを指す場合もあります。「堆」は「堆い」とも読み、積み重なり盛り上がっているという意味です。

【 暗礁 】 あんしょう

例文 このプロジェクトは**暗礁**に乗り上げた。

解説 暗礁とは、水面より下に隠れていて見えないために、船の通行の邪魔になるような岩やサンゴ礁のことを指します。また、急なトラブルの意味でも使われ、「暗礁に乗り上げる」で、思わぬ困難で進行が阻まれることです。

【 上弦 】 じょうげん

例文 **上弦**の月がきれいに見える。

解説 上弦とは、新月から満月になるまでの間の半月のことです。月が沈むときに上向きに弦を張った弓のように見えるので、こう言います。満月を過ぎたあとの半月は「下弦」と呼び、沈むときは弦が下に向いて見えます。

【 金環日食 】 きんかんにっしょく

例文 観察用のガラスを通して**金環日食**を見た。

解説 金環日食とは、太陽と地球の間に月が入り、地球から観察すると、太陽の中心に月が重なり輪のように見える現象です。「金環食」とも言います。月が太陽をすべて隠すと「皆既日食」、一部を隠すと「部分日食」と呼びます。

動植物

草花や魚、動物などの名前は、難しい漢字や当て字が多くあります。慣用句に使われる漢字もあるので、使いこなせると自慢できるかもしれません。

【 鶏 】 にわとり

例文 朝、**鶏**の鳴き声で目が覚めた。

解説 鶏は、頭に赤いトサカがあり、あまり飛ばないのが特徴です。古くから家畜用や観賞用に飼われてきました。「庭の鳥」という意味の名前です。「鶏卵」「養鶏」「鶏口牛後」のような熟語では「けい」と音読みします。

【 烏 】 からす

例文 **烏**のように真っ黒なコートを着ている。

解説 烏は、全体的に黒い色をしていて、知能が高いことでも知られる鳥です。形が「鳥」と似ているので気をつけましょう。「烏石」や「烏の濡れ羽色」のように、黒い色を表すこともあります。「鴉」とも書きます。

【 鸚鵡 】 おうむ

例文 相手の言葉を**鸚鵡**返しするだけでは会話にならない。

解説 鸚鵡は、熱帯原産の大きな鳥で、くちばしが太く下向きに曲がっているのが特徴です。人の言葉や動物の鳴き声を真似することができます。「鸚鵡返し」とは、人の言ったことをそのまま言い返すという意味です。

〈 鯨 〉 くじら

例文 かつては学校給食にも**鯨**の料理が出ていた。

解説 鯨は、海に住む大きい哺乳類の動物です。魚類ではありませんが、魚偏の漢字が当てられています。音読みでは「げい」と読み、「白鯨」「捕鯨」「鯨肉」などの熟語で使われます。

〈 海豚 〉 いるか

例文 水族館で**海豚**のショーを楽しむ。

解説 海豚は、知能が高いことで知られる動物です。ほとんどは海に住んでいますが、淡水に住む種類もいます。海で暮らす動物には、陸の動物の名前に「海」がつくものが多く、「海豹（あざらし）」「海象（せいうち）」「海獺（らっこ）」などがあります。

〈 栗鼠 〉 りす

例文 小さい**栗鼠**が木をかけ上がるのを目で追う。

解説 栗鼠は、尻尾が体と同じくらい長くフサフサしており、すばしっこい動きが特徴の小動物です。「栗」の文字通り、クリやクルミなどの木の実を好みます。ネズミに見た目が似ているので、「鼠」の字が当てられました。

〈 蝸牛 〉 かたつむり

例文 雨上がりの庭で**蝸牛**を見つけた。

解説 蝸牛は陸に住む巻貝で、湿気ある場所を好む生き物です。殻が渦を巻いていて、牛のような角があることから、このような漢字になりました。同じ漢字で「かぎゅう」とも読みます。

【 蚕 】 かいこ

例文 糸車を使って**蚕**の繭から糸を紡いでいた。

解説 蚕は、カイコガという虫の幼虫です。桑の葉を食べて脱皮をくり返し、白い繭をつくります。その繭からつくった糸が絹です。音読みでは「さん」と読み、「蚕糸」「養蚕業」などの熟語で使います。

【 柳 】 やなぎ

例文 水辺に立つ**柳**の木が、水面に映っている。

解説 柳は、庭の木や街路樹として植えられることの多い落葉樹です。特に、枝垂れ柳のことを指す場合もあります。「楊」と書くと枝垂れないヤナギの木を指し、あわせて「楊柳」と言います。

【 向日葵 】 ひまわり

例文 一面の**向日葵**畑の風景を写真に撮った。

解説 向日葵は、夏に黄色く大きな花を咲かせる一年草です。種を食べたり、油を採ったりします。花が太陽に向かって回ると言われていることから、このような字を書きますが、実際にはほとんど回らないようです。

【 紫陽花 】 あじさい

例文 公園に**紫陽花**が咲いていた。

解説 紫陽花は初夏の頃に咲く花で、小さい花が集まって丸い形をつくるのが特徴的です。花の色が淡い青色から、青紫色、淡い紅色へと変化していくので、「七変化」という別名で呼ばれることもあります。

【 落花生 】 らっかせい

例文 おやつに**落花生**を食べる。

解説 落花生は、いわゆるピーナッツのことで、「南京豆」と呼ぶこともあります。
夏に黄色い花が咲き、受粉したあとに地面に潜って実を結びます。その様
子が、花が落ちるように見えることから、この名前になりました。

【 胡桃 】 くるみ

例文 **胡桃**が練り込まれた焼き菓子を差し入れする。

解説 胡桃は丸くて固い殻に包まれた木の実で、殻の中の種の部分を取り出して
食べます。「呉桃」という書き方もあります。「胡」には「外国産の」とい
う意味があり、「胡椒」「胡麻」なども西方から中国に入った食品です。

【 独活 】 うど

例文 「**独活**の大木」と言われないように、仕事に貢献する。

解説 独活とは、山に生える多年草で、若芽を山菜として食べます。茎が生長す
ると食べられなくなり、材木にも使えず役に立たないことから、見た目が
大きいだけで取り柄がない人のことを「独活の大木」と言います。

【 欅 】 けやき

例文 **欅**材が使われた立派な木造建築だ。

解説 欅はニレ科の樹木で、山に自生しています。ほかにも、庭木や街路樹とし
て植えられることがあります。丈夫で木目が美しいので、建物や家具の木
材としても多く使われます。「襷」と間違えないようにしましょう。

スポーツ

意外に読み書きが難しいのが、スポーツに関する用語です。ここでは、体を動かす競技のほか、頭脳を競う「マインドスポーツ」も取り上げます。

【 表彰台 】 ひょうしょうだい

例文 2位でゴールして、**表彰台**に上がった。

解説 表彰台とは、競技で優秀な成績をおさめた選手を称えるための台です。一般的に左右の高さが違う凸のような形で、1〜3位までの人が上から順に高い段に立ちます。「表賞台」「表章台」などの誤字に気をつけましょう。

【 監督 】 かんとく

例文 新しい**監督**の就任が発表された。

解説 スポーツや映画製作などで、人の上に立ち、チームやグループ全体をまとめて指揮したり管理したりする人を、監督と呼びます。「監」と「督」のどちらの字にも、「見る」「見張る」という意味があります。

【 誤審 】 ごしん

例文 **誤審**が疑われたため、映像判定をする。

解説 誤審とは、スポーツで審判員が間違った判定をすることです。また、裁判で誤った審理が行われることも「誤審」と言います。「審」の字は「審判員」の略としても使われ、「主審」「球審」「塁審」などの言葉があります。

【 八百長 】 やおちょう

例文 あの試合は、**八百長**だったのではないかと疑われている。

解説 八百長とは、前もって勝ち負けを打ち合わせて、表向きには真剣に勝負を
しているように見せかける、という意味です。八百屋の長兵衛という人が、
いつも1勝1敗になるように手加減して碁を打った話が由来です。

【 采配 】 さいはい

例文 新監督の**采配**に注目が集まっている。

解説 采配とは、全体がうまく動くように、人の上に立って指図することを言い
ます。元は、戦場で大将が手に持って、兵士を指揮するために使った道具
のことです。「采」という字には、「選びとる」という意味があります。

【 軍配 】 ぐんばい

例文 今回の勝負では、相手に**軍配**が上がった。

解説 軍配は「軍配団扇」の略で、相撲の行事が力士の立ち合いや勝負の判定を
示すのに使う、うちわのような形の道具です。「軍配を上げる」と言うと、
相撲以外でも、試合や競争で勝利の判定を下すという意味です。

【 捕手 】 ほしゅ

例文 このチームの**捕手**は実力がある。

解説 捕手とは、野球でボールを「捕る」役割、つまりキャッチャーのことです。
ピッチャーの投げた球を受け、ホームベースを守る選手です。また、ピッ
チャーを「投手」、守備の選手を「野手」、バッターを「打者」と言います。

【 先攻 】 せんこう

例文 今回の試合は、私のチームが**先攻**で始める。

解説 先攻とは、野球などのように攻撃と防御を交互に行うスポーツで、先に攻撃を行うという意味です。反対に、あとに攻撃をすることは「後攻」と言います。送り仮名をつけて、「先攻め」「後攻め」と読む場合もあります。

【 牽制 】 けんせい

例文 **牽制**球を投げ、ランナーをアウトにする。

解説 牽制とは、自分の方に相手の注意を引きつけて、相手が自由に行動できないように制限することです。野球用語として使われるときは、盗塁されるのを阻止するために、ピッチャーなどが野手に送球することを意味します。

【 投擲 】 とうてき

例文 **投擲**競技の練習では安全に配慮している。

解説 投擲とは、手を使って物を投げるという意味です。砲丸投げ、円盤投げ、槍投げ、ハンマー投げのことを「投擲競技」と言います。「擲」には「なげうつ」「なぐる」という意味があります。

【 排球 】 はいきゅう

例文 学生時代は**排球**部に所属していた。

解説 排球は、バレーボールのことを表す当て字です。「排」には押しのける、追い出すという意味があります。バレーボールは自分のコートにきたボールを相手のコートに打ち返すので、この字になったと考えられます。

146

〘 籠球 〙 ろうきゅう

例文 あまり知られていないが、実は**籠球**部の強豪校だ。

解説 籠球はバスケットボールのことです。籠^{かご}にボールを入れる競技なので、この当て字になりました。「籃球」と書くこともあります。ほかにも、サッカーは「蹴球」、ラグビーは「闘球」と書きます。

〘 囲碁 〙 いご

例文 休日に時々**囲碁**を打つのが趣味だ。

解説 囲碁は2人で行う室内ゲームの一種です。縦横19本の線で区切られたマス目のある盤上に、白と黒の石を交互に置いて、より広い面を囲み取った方が勝利します。使用する道具を「碁石^{ごいし}」「碁盤^{ごばん}」などと呼びます。

〘 将棋 〙 しょうぎ

例文 祖父から**将棋**の指し方を教えてもらった。

解説 将棋は、縦横9マスの盤上に各20個ずつの駒を並べ、交互に動かしながら相手の王将を取ることを目指す室内ゲームです。「棋」の字が将棋や囲碁のことを意味し、「棋士」「棋譜」「棋局」などの用語に使われます。

〘 二人三脚 〙 ににんさんきゃく

例文 大会に向けて、コーチと共に**二人三脚**で頑張ってきた。

解説 二人三脚とは、運動会などで行われる競技です。二人一組で横に並び接する側の足をひもで縛り、3本足で走って速さを競います。転じて、2人や2つの組織が協力して物事を行うことを意味することもあります。

芸術・音楽

芸術には、絵や彫刻、建築といった空間芸術のほか、音楽や文学、演劇や舞踊などが含まれます。日本の伝統芸能についての漢字も紹介します。

【 吹奏楽 】 すいそうがく

例文 この催しでは、地元の高校の**吹奏楽**部による演奏がある。

解説 吹奏楽とは、フルート、オーボエ、クラリネットなどの木管楽器と、トランペット、ホルンなどの金管楽器を中心に、打楽器を加えた編成で演奏する音楽のことです。「吹奏」は、笛などを吹いて演奏するという意味です。

【 管弦楽 】 かんげんがく

例文 アマチュアの**管弦楽**団でバイオリンを弾いている。

解説 管弦楽とは、バイオリン、ビオラ、チェロなどの弦楽器に加えて、木管楽器、金管楽器、打楽器を組み合わせた、大規模な編成で合奏する音楽です。管弦楽を演奏する団体を、管弦楽団やオーケストラと言います。

【 五線譜 】 ごせんふ

例文 ピアノを習っていたときに**五線譜**の読み方を勉強した。

解説 五線譜とは、平行に引かれた5本の横線の上に、音符などを記して、楽曲を書き表した楽譜のことです。5本の平行線だけが引かれた、五線譜を書くための用紙を「五線紙」と呼びます。

【 絵画 】 かいが

例文 開催期間中にあの**絵画**展に行きたい。

解説 絵画は、造形美術のひとつである、絵のことです。「絵」は「かい」と読み、「えが」ではないので気をつけましょう。「画」にも絵という意味があり、使う道具や材料によって「油絵」「水彩画」「水墨画」などと言います。

【 入選 】 にゅうせん

例文 俳句賞に応募した作品が**入選**して嬉しい。

解説 入選とは、絵画や音楽の賞などで、応募作品が審査に合格して選ばれるという意味です。選考から漏れて、選ばれないことは「落選」と言います。似た言葉に「当選」がありますが、こちらは懸賞や選挙などで使われます。

【 鑑賞 】 かんしょう

例文 休日は家で映画**鑑賞**をすることが多い。

解説 鑑賞とは、芸術作品や文学作品を見たり聞いたり読んだりして、そのよさを味わい、表されている内容を理解しようとすることです。「観賞」は、植物や生き物など自然の物を見て、その美しさを味わうことを言います。

【 芥川賞 】 あくたがわしょう

例文 毎年、**芥川賞**を受賞した作品は話題になる。

解説 芥川賞は、芥川竜之介を記念した文学賞です。毎年2回、純文学の新人作家による小説に与えられます。同時に創設された大衆小説に与えられる賞は、直木三十五の名を冠して「直木賞」と言います。

〖 戯曲 〗 ぎきょく

例文 シェイクスピアの**戯曲**を翻訳する。

解説 戯曲とは、演劇の脚本のことです。人物のせりふと、動きや演出を指示する ト書きで、物語が展開します。昔は中国の演劇は音楽が中心だったため、 「曲」の字を使います。「戯」を「劇」と間違えないようにしましょう。

〖 千秋楽 〗 せんしゅうらく

例文 興行初日と**千秋楽**のチケットは人気が高い。

解説 演劇や相撲で、興行期間の最終日を千秋楽と呼びます。「千穐楽」とも書きます。「穐」は「秋」の異体字で、芝居小屋などの火事を思わせる「火」を 避けて、縁起のいい「亀」を含む漢字にしたと言われています。

〖 梨園 〗 りえん

例文 歌舞伎俳優と結婚した女性は「**梨園**の妻」とも呼ばれる。

解説 梨園とは、歌舞伎俳優たちの社会のことを意味します。中国、唐の玄宗皇 帝が、宮中の梨の木が植えられた庭園で、自ら子弟たちに音楽や舞踏を教 えて宮廷音楽家を養成した、という故事が由来です。

〖 三味線 〗 しゃみせん

例文 **三味線**の弾き語りで民謡を歌う。

解説 三味線は、日本の伝統的な弦楽器のひとつです。犬や猫の皮を張った四角 い胴に棒状の棹がつき、3本の弦が張られたものです。弦の部分を、イチョ ウ型をした撥という道具ではじいて演奏します。「さみせん」とも読みます。

〖 黒衣 〗 くろご

例文 今回のプロジェクトでは、**黒衣**に徹して働いた。

解説 黒衣とは、黒い衣装を着て、舞台で俳優の介添えや片付けなどをする人、またはその黒い衣装のことです。一般に、陰で支えることを「黒衣に徹する」などとも言います。「黒子」とも書き、「くろこ」と読むこともあります。

- -

〖 漫才 〗 まんざい

例文 年末の**漫才**番組を見るのが毎年楽しみだ。

解説 漫才とは、2人の芸人が面白いことを言い合い、客を笑わせる演芸です。典型的には、ボケとツッコミに分かれて掛け合いをします。元は「万才」と書いたのが変化してできました。「慢才」などの誤字に気をつけましょう。

- -

〖 日舞 〗 にちぶ

例文 **日舞**を習うために教室に通っている。

解説 日舞は「日本舞踊」を略した言い方です。歌と三味線などを伴奏に踊る、日本の伝統的な舞のことです。狭い意味では、歌舞伎舞踊のことを指す場合もあります。バレエやモダンダンスなどを「洋舞」とも言います。

- -

〖 紫綬褒章 〗 しじゅほうしょう

例文 オリンピックで活躍した選手に**紫綬褒章**が授与された。

解説 紫綬褒章とは、学問、スポーツ、芸術などで著しい業績をおさめた人を表彰して、国から授与される記章のことです。「紫綬」とは紫色の組ひもやリボンを指します。「紫授」や「紫受」は間違いです。

① シュンダンの候、いかがお過ごしでしょうか。

（　　　　　　　　　　）

② お世話になっている取引先におセイボを贈る。

（　　　　　　　　　　）

③ 親友の結婚式にごシュウギを包む。

（　　　　　　　　　　）

④ 謹んでアイトウの意を表します。

（　　　　　　　　　　）

⑤ タタミの上に布団を敷いて寝る。

（　　　　　　　　　　）

⑥ 彼は今にもフンカしそうな火山のようだ。

（　　　　　　　　　　）

⑦ カラスのように真っ黒なコートを着ている。

（　　　　　　　　　　）

⑧ 水辺に立つヤナギの木が、水面に映っている。

（　　　　　　　　　　）

⑨ 新監督のサイハイに注目が集まっている。

（　　　　　　　　　　）

⑩ 休日は家で映画カンショウをすることが多い。

（　　　　　　　　　　）

❶ 今年の<u>夏至</u>の日は梅雨の真っ只中だった。

（　　　　　　　）

❷ <u>師走</u>に入り、何かと慌ただしい時期だ。

（　　　　　　　）

❸ 贈り物の包みに<u>熨斗</u>紙をつける。

（　　　　　　　）

❹ 葬式に<u>香典</u>を持参する。

（　　　　　　　）

❺ 晴れの日に着る、<u>正絹</u>の着物を買った。

（　　　　　　　）

❻ <u>五月雨</u>の季節は、洗濯物を外に干せなくて困る。

（　　　　　　　）

❼ <u>欅</u>材が使われた立派な木造建築だ。

（　　　　　　　）

❽ あの試合は、<u>八百長</u>だと疑われている。

（　　　　　　　）

❾ <u>牽制</u>球を投げ、ランナーをアウトにする。

（　　　　　　　）

❿ 興行初日と<u>千秋楽</u>のチケットは人気が高い。

（　　　　　　　）

第4章の解答

📝 書き問題

① 春暖
② 歳暮
③ 祝儀
④ 哀悼
⑤ 畳
⑥ 噴火
⑦ 烏
⑧ 柳
⑨ 采配
⑩ 鑑賞

🔍 読み問題

❶ ゲシ
❷ シワス
❸ ノシ
❹ コウデン
❺ ショウケン
❻ サミダレ
❼ ケヤキ
❽ ヤオチョウ
❾ ケンセイ
❿ センシュウラク

第 **5** 章

間違って使っている日本語

本章では、誤って使いがちな慣用表現を紹介します。
正しく使用していたつもりでも、意味や漢字を間違
えて覚えている言葉があるかもしれません。しっか
り確認して、大人の語彙を身につけましょう。

〜をかしげる

✖ 頭

⭕ 首

解説 「首をかしげる」とは、不思議がることを意味します。疑問に思い、考え込むときに「頭をひねる」という表現があるため、かしげるときにも頭を誤用してしまうのではないか、という説があります。「頭をかしげる」は誤用ですので、注意しましょう。

雪辱を〜
せつじょく

✖ 晴らす

⭕ 果たす

解説 「雪辱を果たす」とは、試合などで以前負けた相手に勝ち、名誉を取り戻すことです。「晴らす」では「雪辱」の除き去るという意味が重複するため、「果たす」が正しいです。文化庁の平成22年度「国語に関する世論調査」では、「晴らす」を使う人が43.9%もいました。

まな板の上の〜

✖ 鯛

⭕ 鯉

解説 「まな板の上の鯉」は、何かに対して暴れたり、じたばたしたりする
といった抵抗をやめることを言います。これは、どうあがいてもど
うしようもないほどの状況で、相手に対してなすがままに任せてし
まうことを表します。「まな板の鯉」とも言います。

汚名を〜する

✖ 挽回

⭕ 返上

解説 「汚名を返上する」とは、新たな成果をあげて、以前の失敗で受けた
悪い評判を退けることです。「挽回」は失ったものをもとに戻すこと
を言います。そのため、「汚名を挽回する」は誤用です。挽回を使う
場合は、「名誉挽回」になります。

予防線を～

✖ 引く

⭕ 張る

[解説] 「予防線」とは、敵の攻撃に備えて、予め警戒や監視をすること、またはあとで失敗しないように、前もって打つ手段のことです。「張る」には見張るという意味があります。線は「引く」ものだと思われがちですが、手段は引けないため、「予防線を引く」は誤用です。

人の噂も～

✖ 四十五日

⭕ 七十五日

[解説] 「人の噂も七十五日」とは、人の噂は長くは続かず、やがて忘れ去られることです。七十五日は、ひとつの季節を表し、季節が過ぎる頃には人の噂も忘れ去られていることからできた説があります。四十五日は「四十九日の法要」と読みが似ており、混同する人がいるようです。

〜が悪い

✖ 目覚め

〇 寝覚め

解説 「寝覚めが悪い」は、眠りから覚めたときの気分がよくないことから
転じて、過去の行為を思い出し、良心に責めさいなまれることを表
します。文化庁の平成27年度「国語に関する世論調査」でも57.9
％が「目覚めが悪い」と誤用していました。

肝に〜じる

✖ 命

〇 銘

解説 「肝に銘じる」は、決して忘れないように心に留めておくことを意味
します。「命じる」は命令、「銘じる」は刻み込むことです。「肝に銘
じる」の語源は肝臓です。肝臓は五臓六腑の中で一番大きく大切な
臓器であり、そこに刻みつけることからできたと言われています。

他山の石
<ruby>他<rt>た</rt></ruby><ruby>山<rt>ざん</rt></ruby>の石

✕ 先輩の言動を見習い、参考にする

◯ よその悪いところを自分の学びにする

解説 「他山の石」は、ほかの山から出たつまらない石の意味が転じて、自分の修養の助けとなる他人の誤った言動を言います。これは他人のよくない言動を見て、自分の学びにしようということです。目上の人に使うと失礼にあたるため、使用を避けましょう。

破天荒
<ruby>破<rt>は</rt></ruby><ruby>天<rt>てん</rt></ruby><ruby>荒<rt>こう</rt></ruby>

✕ 豪快で大胆な様子

◯ 誰もなしえなかったことをすること

解説 「破天荒」とは、前人のなしえなかったことを初めてすることを言います。文化庁の平成 20 年度「国語に関する世論調査」では、「豪快で大胆な様子」と誤用する人が 64.2％もいました。「破」や「荒」という漢字のイメージから誤用してしまう人が多いようです。

雨模様

△ 小雨が降ったりやんだりしている様子

○ 雨が降りそうな様子

解説 「雨模様」とは本来、雨の降りそうな空の様子を表す言葉です。もともとは「雨催い」と呼ばれており、次第に「雨もよう」になったという説があります。「模様」は当て字です。現在は誤用である「雨が降ったりやんだりしている様子」が正しい意味になりつつあります。

なんなく

✖ 何なく

○ 難なく

解説 「難なく」は、たやすく、やすやすとという意味を持ちます。「何なく」と誤記してしまうのは、「何となく(言動などにはっきりとした理由や目的がないこと)」や「何だか(物事がはっきりしない様子)」と混同したからではないかという説があります。

ひざまずく

✖ 膝まずく

⭕ 跪く

解説 「跪く」は地面や床などに膝をついて、身を屈めることを言います。跪くのは敬意を表す動作です。「跪」は一字で跪くことを意味します。ひざを「膝」とするのは誤用のため、注意しましょう。膝を使う場合は、「膝をつく」になります。

浮気〜

✖ 症

⭕ 性

解説 「浮気」は特定の人に心を惹かれやすいこと、配偶者や婚約者などがいながら、別の人と関係を持つことを言います。浮気は性格上の問題のため、「性」を使います。同様に、心配性や貧乏性も「性」になります。一方、健忘症などは症状のため、「症」を使いましょう。

ひきいる

✖ 引きいる

⭕ 率いる

解説 「率いる」は、従えて行く、多くの人を指揮するという意味があります。「率」は全体をまとめて導くといった意味を持ちます。「引きいる」は誤記です。同じ意味で、引きを使う場合は、「引き連れる」が正しい言葉になります。

みいだす

✖ 見い出す

⭕ 見出す

解説 「見出す」とは、見つけ出す、発見するといった意味があります。「見出す」は、見るの連用形「み」と「出だす」が組み合わさった言葉であり、「見出す」と書きます。「みだす」と誤読するケースがあるため、近年は「見いだす」とひらがなで書くことが多くなっています。

小突く

✖ こずく

⭕ こづく

解説 「小突く」は、相手のからだを指先などでちょっと突くことを表します。「こずく」ではなく、「こづく」と書きます。「ず」か「づ」か、書き方で困った場合は、漢字の「突」の読み方を考えるとわかるでしょう。

のるか反るか

✖ 乗るか

⭕ 伸るか

解説 「伸るか反るか」は、成否を天にまかせ、思い切って物事を行うことです。矢作りのときに竹を型に入れて曲がりをなくしていました。型から出して初めて曲がっていないかがわかります。そこから、やってみないとわからない、つまり運を天に任せる意味になりました。

きいた風

✖ 聞いた

⭕ 利いた

解説 「利いた風」とは、いかにも物知りぶった生意気な態度を見せること
を言います。また、気の利いていることという意味もあります。「聞
く」ことではないため「聞いた風」は誤字になります。悪い意味の
言葉なので、目上の人には使用を避けましょう。

あげ足をとる

✖ 上げ

⭕ 揚げ

解説 「揚げ足をとる」とは、人の言い間違いや言葉尻をとらえて非難した
り、からかったりすることを言います。「揚げ足」は、柔道や相撲な
どで相手が技をかけようとして、揚げた足を意味します。その足を
とって相手を倒すことが転じて、現在の意味になりました。

憮然（ぶぜん）

✖ 腹を立てる

⭕ 失望する

解説 「憮然」とは、失望や落胆してどうすることもできない様子を表します。「憮」はがっかりする、「然」はほかの言葉につけて状態を表します。文化庁の平成 30 年度「国語に関する世論調査」でも「腹を立てる」と誤用している人が 56.7％もいました。

忖度（そんたく）

✖ 相手の立場を考慮して行動すること

⭕ 相手の気持ちを推し量ること

解説 「忖度」は他人の心を推し量ること、推し量って相手に遠慮することを言います。忖度はあくまでも配慮することであり、行動することではありません。また、本来はマイナスイメージもありませんので、注意しましょう。

悪びれる

✖ 開き直る

⭕ おどおどする

解説 「悪びれる」は、気後れして恥ずかしがったり、卑屈な振る舞いをしたりすることを言います。漢字で書くと「悪怯れる」になります。開き直る場合は「悪びれず」になります。「悪びれず」は、悪いことをしたと思っていても平然としている状態です。

着の身着のまま

✖ 着替えもせず

⭕ 着ているもの以外何も持たない

解説 「着の身着のまま」は、今着ているもの以外は何も持っていないことを意味します。「着替えもせずに」という意味はありません。漢字では「着の身着の儘」と書きます。「着の身着のまま」は火事、事故といった緊急事態などに使用する言葉です。

姑息
こそく

✖ 卑怯な

⭕ その場しのぎ

解説 「姑息」とは、その場だけの間に合わせという意味です。「姑」には一時的、「息」には休息という意味があります。文化庁が発表した平成22年度「国語に関する世論調査」でも姑息を「卑怯」だと誤用している人が70.9%いました。誤用しないように気をつけましょう。

....

いきせききる

✖ 息咳切る

⭕ 息急き切る

解説 「息急き切る」とは、激しい息遣いをする、あえぎ急いで行動する様子を言います。「急き」は「急く（急ぐ）」が変化した形になります。急ぐことであり、「咳」ではないため、書き間違えないように注意しましょう。

〜に据えかねる

✖ 肝

〇 腹

解説　「腹に据えかねる」とは、怒りを心の中におさめておくことができな

くなることを意味します。落ち着いていて、めったなことでは驚か

ないという意味の「肝が据わる」と混同し、誤用しやすい言葉です。

注意しましょう。

浮足立つ

✖ ウキウキして落ち着かない

〇 不安や恐れで落ち着きを失う

解説　「浮足立つ」とは、不安や恐れで落ち着きを失う、逃げ腰になること

です。「つま先」を意味する「浮足」が語源だと言われています。ウ

キウキすることは「浮立つ」となります。文化庁の令和元年度「国

語に関する世論調査」でも6割が誤用している言葉です。

二の足を踏む

✖ 失敗をくり返す

⭕ ためらう

解説 「二の足を踏む」は一歩目は進みながら、二歩目はためらって足踏み
することを表します。つまり、ためらってどうしようかと迷うこと、
尻込みすることを意味します。「二の足」とは、歩き出して二歩目を
指します。失敗をくり返すときは、「二の舞を演じる」になります。

目が～

✖ 座る

⭕ 据わる

解説 「目が据わる」とは、酔ったり怒ったりして、瞳がじっと一点を見つ
めたまま動かなくなることを言います。「据わる」とは、ひとつのと
ころにとどまって動かない状態を言います。「目が座る」と書くのは
誤りなので、注意しましょう。

琴線に触れる
<ruby>琴<rt>きん</rt></ruby><ruby>線<rt>せん</rt></ruby>

 激しく怒る

 感動・共鳴する

解説 「琴線に触れる」とは、よいものや素晴らしいものに触れて感銘を受けることです。「琴線」は物事に感動しやすい心を琴の糸に例えたものです。偉い人を激しく怒らせることを「<ruby>逆鱗<rt>げきりん</rt></ruby>に触れる」と言います。混同しないようにしましょう。

～つ返事

 一

 二

解説 「二つ返事」とは、何かを頼まれたときに、すぐに「はい、はい」と快く引き受けることを表した言葉です。文化庁の平成23年度「国語に関する世論調査」では、「一つ返事」を使う人が46.4％もいました。「一つ返事」という言葉はありません。

鬱陶しい

✖ うっとおしい

⭕ うっとうしい

解説 「鬱陶しい」とは、心がふさいで晴れ晴れしない、邪魔になってうる
さい、煩わしいという意味があります。「うっと－しい」と聞こえる
ため、「うっとうしい」ではなく、「うっとおしい」と誤記してしま
うという説があります。

うつむく

✖ うつ向く

⭕ 俯く

解説 「俯く」とは、顔が下の方へ傾くこと、下を向くことを言います。下
を向くの「向く」から「うつ向く」と誤記しないように注意しまし
ょう。もし、一字で書けない場合は「うつむく」とひらがなで書き
ましょう。また俯くの対義語は「仰向く」「仰ぐ」です。

横車を〜

✖ 入れる

⭕ 押す

解説 「横車を押す」は、道理に合わないことを無理に押し通すことです。これは、前後にしか動かない車を横に押そうとしても容易には動かせないことからできました。邪魔をするという意味の「横槍を入れる」と混同し、「横車を入れる」と誤用してしまう人が多いようです。

なしのつぶて

✖ 無しのつぶて

⭕ 梨のつぶて

解説 「梨のつぶて」は、連絡しても返事がないことです。つぶてとは「礫」と書き、投げる小石です。投げた小石は返ってこないことから、「つぶてのように音沙汰がない＝梨のつぶて」となりました。「梨」は「無し」に掛けた表現で、意味はありません。また「無し」では何も投げられないため、形ある「梨」になりました。

天地無用

✖ 上下を逆さまにしてもかまわない

⭕ 上下を逆さまにしてはいけない

解説 荷物の梱包の外側に書いたり、シールを貼ったりする「天地無用」は、上下を逆さまにしてはいけないという言葉です。上下を逆さまにすると破損の恐れがあると警告しています。「天地」は上下、「無用」は不要ではなく、してはいけないという意味です。

折り紙つき

✖ 折り紙つきの悪人

⭕ 折り紙つきの実力

解説 「折り紙つき」とは、品質などが確実なものだと保証されることを表します。「折り紙」とは鑑定書のことで、よい意味で使われる言葉です。似た言葉に「札つき」があります。札つきは悪い評判が定着していることです。悪人には「札つき」を使いましょう。

〜の宝刀

✖ 天下

⭕ 伝家

解説 「伝家の宝刀」とは、家に代々伝わる大切な刀から転じて、いよいよというときにのみ使用するもの、切り札といった意味になります。文化庁が発表した平成24年度「国語に関する世論調査」では、「天下の宝刀」と誤用している人が31.7%いたので、注意しましょう。

〜を渡す

✖ 印籠

⭕ 引導

解説 「引導を渡す」は、諦めるように最終的な宣告をすることです。「引導」とは僧が迷っている人を悟りの道に入れること、「印籠」は腰に下げる平たい円筒形の三重や五重の小箱を言います。読み方が似ていることから「印籠を渡す」と誤用してしまうのかもしれません。

体をなす

✕ ていをなす

〇 たいをなす

解説 「体をなす」とは、まとまった形になる、形が整うことを意味します。漢字では「体を成す」と書きます。世間体や体裁などの言葉から「てい」と読んでしまいがちですが、正しくは「たい」です。誤読に気をつけましょう。

双璧
（そうへき）

✕ 立ちはだかる強敵

〇 ２つの優れたもの

解説 「双璧」とは、ともにすぐれていて優劣のつけがたい２つのものを言います。中国の『北史（陸凱伝）』の中で、２人の優れた息子を「双璧」と例え、評したことが由来だと言われています。この言葉は悪い意味では使いません。「壁」と誤記しないようにしましょう。

目〜が利く

✖ 鼻

⭕ 端

解説 「目端が利く」とは、その場に応じて機転が利くことを意味します。「目端」とは、その場を見計らう機転を指します。「目が利く（よしあしを見分ける能力）」や「鼻が利く（敏感で物を見つけることが巧み）」はありますが、「目鼻が利く」という慣用句はありません。

いわゆる

✖ 言わゆる

⭕ 所謂

解説 「所謂」とは、世間一般に言われる、よく言うという意味です。もとは漢文に出てくる「所謂」を「謂う所の」と読んだことが始まりです。「謂」は常用漢字ではないため、漢字で表記されることは減りました。使うときは「いわゆる」とひらがなで書きましょう。

至難のわざ
<ruby>至<rt>し</rt></ruby><ruby>難<rt>なん</rt></ruby>のわざ

✖ 技

⭕ 業

解説 「至難の業」とは実現することがこの上なく難しいことを言います。「至難」はこの上なく難しいこと、「業」は仕事や行為、「技」は方法や手段、技術を表します。至難の業は難しい方法のことではないため、「至難の技」は誤字になります。

毒をもって毒を制す

✖ 盛って

⭕ 以て

解説 「毒を以て毒を制す」とは、悪を除くのにほかの悪を利用することの例えです。これは、毒にあたった病人の治療で別の毒を用いて解毒したことが語源になります。「以て」はそれによってという意味があります。毒を「盛る」わけではないので、「以て」になります。

暮れなずむ

✖ 暮れかかっている

◯ なかなか暮れずにいる

解説 「暮れなずむ」は日が暮れそうで、なかなか暮れないという意味です。なずむは漢字で「泥む」と書き、物事が進まない、滞るといった意味があります。そのため、暮れかかっているわけではありません。

天地〜

✖ 天命

◯ 神明

解説 「天地神明」は、すべての神々のことを指します。「天地」は天と地、「神明」は神々を意味します。「天地神明に誓って」と誓いの言葉を述べるときに使われます。文化庁の平成30年度「国語に関する世論調査」では、誤用である「天地天命」を使う人が53.7%もいました。

こうを奏する

✖ 効

⭕ 功

解説 「功を奏する」とは、成功する、効果を表すことを言います。「功」には立派な仕事、手柄、「奏」には天皇に申し上げるという意味があります。この２つが合わさって、「天皇に功績を奏上する（報告する）」となり、転じて効果がある、作戦が成功する意味になりました。

上前を〜
うわまえ

✖ かすめる

⭕ はねる

解説 「上前をはねる」とは、他人に取り次ぐ賃金や代金の一部を自分のものにする、かすめとるといった意味があります。「はねる」は、漢字で「撥ねる」と書き、人の取り分の一部をかすめ取ることを表します。また「ピンはねをする」とも言います。

煮え湯を飲まされる

✖ 敵にひどい目にあわされる

⭕ 信用している人に裏切られてひどい目にあう

解説 「煮え湯を飲まされる」は、信用している人に裏切られてひどい目に
あうことを言います。これは、煮え湯（熱湯）を飲み頃だと勧めら
れて飲んだとき、口の中が煮えたぎるほど熱い思いをすることが由
来です。「信頼している人」に限定し、暴力行為などはありません。

おっとり刀

✖ おっとり、ゆっくり

⭕ 急いで駆けつける

解説 「おっとり刀」とは、急な出来事で刀を腰に差す暇もなく、手に持っ
たままであることを意味し、急いで駆けつけることを表します。「お
っとり」とつくと、ゆっくりだと思われがちですが、漢字で「押っ
取り」と書きます。漢字の意味を考えると誤用しません。

身上をつぶす
しんしょう

✖ 立場を悪くする

⭕ 財産をなくす

解説 「身上をつぶす」とは、持っている財産のすべてを使い果たすことです。立場を悪くする＝印象を悪くするのであれば、「心証を損ねる」です。身の上のことは「しんじょう」、財産のことは「しんしょう」と読みます。つぶすのは財産のため、「しんしょう」と読みます。

お力添え

✖ 自分が人を手伝うこと

⭕ 他人が自分を手伝ってくれること

解説 「お力添え」は、相手の協力や助力に感謝するときに使用する言葉です。「お力添えいたします」のように自分には使えません。自分が相手に対して使いたい場合は、「尽力」や「協力」になります。「尽力」や「協力」は相手の言動に対しても使用することができます。

時を分かたず

✖ すぐに

⭕ いつも

解説 「時を分かたず」は季節の区別がない、四季に関係しないという意味があり、区別がないことを表します。つまり、「いつも」という意味になります。すぐにという意味では「間髪を容れず（少しの時間も置かないこと）」や「何はさておき」といった言葉になります。

御の字
おん

✖ 一応、納得できる

⭕ 大いにありがたい

解説 「御の字」とは、望んだことが叶って十分満足できること、最上のもの、ありがたいことを言います。「御の字」は江戸初期の遊里語からできた言葉です。「まあまあ」「悪くない」といった意味はありませんので、誤用に注意しましょう。

流れに棹<ruby>棹<rt>さお</rt></ruby>さす

✖ 傾向に逆らって、勢いを失わせる行為

⭕ 傾向に乗って、勢いを増す行為

解説 「流れに棹さす」は、川の底を棹で押して水の勢いに乗るように、物事が思い通りに進行することを意味します。「水をさす（上手く進行していることに、わきから邪魔をすること）」と混同し、流れに逆らうことや勢いを失わせることだと誤解している場合があります。

- -

かんしんに堪<ruby>堪<rt>た</rt></ruby>えない

✖ 関心

⭕ 寒心

解説 「寒心に堪えない」とは、恐怖の気持ちを抑えられないこと、身の危険を感じて縮こまることを意味します。「関心」はある物事に対して特に心を引かれ、注意を向けることです。「かんしんに堪えない」の意味から考えると「関心」は誤字になります。

玉にきず

✖ 傷

〇 瑕

(解説) 「玉に瑕」は、それさえなければ完全であるのに、ほんの少し欠点が
あることです。「瑕」とは、宝玉（貴重な玉、宝石）の表面にできた
きずのことを指し、過失や欠陥という意味があります。「偶に瑕」や
「玉に傷」は誤字なので、気をつけましょう。

木漏れ日

✖ こぼれび

〇 こもれび

(解説) 「木漏れ日」とは、樹木の枝葉の間から差し込む日光のことです。「漏」
は、「もる」や「もれる」と読みます。「こぼれび」は誤読です。「木
漏れ日が差す」や「木漏れ日が差し込む」などの使い方をします。
「木漏れ日のような人」とは穏やかであたたかい人を指します。

おわりに

　お読みいただき、ありがとうございました。

　本書は、『見るだけで語彙力アップ！　大人の「モノの言い方」ノート』『見るだけで語彙力アップ！　大人の「ことば選び」ノート』に続く、大人の語彙力アップ企画第３弾目の書となります。本書も既刊本と同様、見るだけで覚えられ、実践的に使えるよう心掛けてつくりました。本書を活用することで、「あれってなんて読むんだっけ……」「どう書くんだっけ……」が減り、あなたに漢字力がつくことを願います。

　しかし、より手っ取り早く漢字力を獲得するには読書がよいかと思います。漢字力のみならず、思慮や考察が広がり、大人としての深みが増すことでしょう。

佐藤 幸一

参考文献

『改訂版 公用文 用字用語の要点』
　廣瀬菊雄（新日本法規出版）

『白川静さんに学ぶ　これが日本語』
　小山鉄郎（論創社）

『日本語能力試験問題集 N2 漢字 スピードマスター』
　清水知子・大場理恵子（Ｊリサーチ出版）

『岩波 国語辞典 第八版』
　西尾 実・岩淵悦太郎・水谷静夫・柏野和佳子・星野和子・
　丸山直子　編（岩波書店）

『新明解国語辞典 第八版 青版』
　山田忠雄・倉持保男・上野善道・山田明雄・井島正博・
　笹原宏之　編（三省堂）

『漢検 漢字辞典 第二版』
　公益財団法人 日本漢字能力検定協会　編（日本漢字能力検定協会）

佐藤幸一 (さとう・こういち)

1961年大阪府生まれ。大学卒業後、大手広告代理店で働き始めるが、月間200時間にもおよぶ残業と職場の人間関係に悩まされ、3年で退職。両親が営む会社で働くも業績悪化により会社は倒産、多額の借金を背負い再就職活動へ。この時の活動で悩んだことをきっかけに、コミュニケーションや心理学を独学で研究する。その後、不動産会社の営業として再就職を果たし、5年で借金を返済。現在は、コンサルタントとして大手企業の人材育成や職場のコミュニケーション活性化支援をライフワークとしている。著書に『誰とでも一瞬でうちとけられる！すごいコミュニケーション大全』『たった一言で印象が変わる！敬語の使い方事典』『見るだけで語彙力アップ！大人の「モノの言い方」ノート』『見るだけで語彙力アップ！大人の「ことば選び」ノート』(総合法令出版)がある。好物は、あんぱんと餃子。

見るだけで語彙力アップ！
ビジネスに効く 大人の「漢字」ノート

2021 年 2 月 22 日　　初版発行

著　者　佐藤幸一
発行者　野村直克
発行所　総合法令出版株式会社
　　　　〒 103-0001　東京都中央区日本橋小伝馬町 15-18
　　　　EDGE 小伝馬町ビル 9 階
　　　　電話　03-5623-5121
印刷・製本　中央精版印刷株式会社

落丁・乱丁本はお取替えいたします。
©Koichi Sato 2021 Printed in Japan
ISBN 978-4-86280-786-1